JN135343

中学校「特別の教科 道徳」の評価

通知表所見の書き方&文例集

桃﨑 剛寿 著

日本標準

はじめに

中学校での「特別の教科　道徳」（以下，道徳科と記載）を指導するにあたり，全国の先生方にとって「『考え，議論する道徳』をどう進めればよいのか」と同じくらい大きな関心となるのが，評価の記載についてでしょう。もちろん，今までも「道徳の時間」の評価はありましたが，「通知表にはどのようなことを書いて保護者に伝えていけばよいのか」「指導要録にどのような内容を書けばよいのか」等，通知表と指導要録に書く内容について学校現場では不安の声があがっています。

私は「評価の文をどう書くか」を考える前に，「よい指導観をもってこそ，よい評価観をもてる」ということを考えないといけないと思います。登場人物の気持ちを追っていくだけの授業や，わかりきったことを書かせる授業を進めているようでは生徒の学びはよいものにならず，よい評価ができるわけがありません。「考え，議論する道徳」への質的改善があってこそ，よい評価ができます。ですから，本書は「考え，議論する道徳」を目指した授業の評価を大前提として，文部科学省による各種報告書や『中学校学習指導要領解説 特別の教科 道徳編』をふまえて，豊富な事例を通して評価のポイントを明らかにします。

本書の構成は，第１章で道徳科評価の理論面を解説します。現場ではその内容をどう解釈して生徒に関わっていくかを書きました。第２章では，通知表の所見についてそのポイントと組み立て方や留意点，評価方法を解説します。そして第３章はいよいよ所見文例です。内容項目別，定番教材別などにして示します。

しかし，あくまで先生方自身が子どもとの信頼関係の下に，先生方の授業に一体化した所見文を思いを込めて書いていくことが大切です。子どもやその保護者が文面を読んだときに，納得し笑顔になれるような所見文をめざしましょう。

「働き方改革」が学校現場でも少しずつ進んでいく中で，先生方に負担をかけずに質の高い道徳科の評価ができるための一助になれば，この上ない喜びとなります。

2019年１月

桃﨑剛寿

目　次

第3章　所見*文例集*

第１章
新しい道徳科の評価

道徳科の評価について
どう考えればよいのでしょうか。
評価のおさえどころは？
評価のキーワードをどう理解する？
本章でそのポイントを示します。

1 道徳科の目標と評価のポイント

道徳科の目標と評価

中学校学習指導要領（2017年告示）で道徳科の目標は，道徳教育の目標と同じく「道徳性を養う」と示されました。道徳性とは，人間としてよりよく生きようとする人格的特性であり，道徳的判断力，道徳的心情，道徳的実践意欲及び態度を諸様相とする内面的資質のことです。

そして評価については，

> 生徒の学習状況や道徳性に係る成長の様子を継続的に把握し，指導に生かすよう努める必要がある。ただし，数値などによる評価は行わないものとする。※1

※1 文部科学省『中学校学習指導要領（2017年告示）』第3章特別な教科道徳　第3指導計画の作成と内容の取り扱いの4（p.158）

とされました。「①学習状況」と「②道徳性に係る成長の様子」を評価するのです。

一方で，『中学校学習指導要領解説 特別の教科 道徳編』（以下，『解説』）には，

> 道徳科における生徒の道徳性に係る成長の様子に関する評価においては，慎重かつ計画的に取り組む必要がある。道徳科は，生徒の人格そのものに働きかけるものであるため，その評価は安易なものであってはならない。生徒のよい点や成長の様子などを積極的に捉え，それらを日常の指導や個別指導に生かしていくよう努めなくてはならない。※2

※2 文部科学省『解説』第5章道徳科の評価 第3節の4　評価を指導の改善に生かす工夫と留意点（p.118）

とあります。つまり道徳科の授業の目標は道徳性を養うことですが，「②道徳性に係る成長の様子」を評価することは難しく，指導要録，そしてそれに準じて保護者に伝える通知表などでは道徳性を評価するよりも，学習状況を評価する方が主となります。ここが他の教科の評価とは大きな違いになります。

道徳科について，学習指導要領で，「道徳的諸価値についての理解を基に，自己を見つめ，物事を広い視野から多面的・多角的に考え，人間としての生き方についての考えを深める学習を通して，道徳的な判断力，心情，実践意欲と態度を育てる」（下線は引用者）と，その目標が示されました。

この「基に」と表現された「道徳的諸価値の理解」は，道徳科学習の前提であり，その上に人間としての生き方についての考えを深める学習にならなくてはならないことを示しています。2008年版学習指導要領の表現「道徳的価値及びそれに基づいた人間としての生き方についての自覚を深め」では，道徳的価値の自覚を深めることがゴールのように受け取られがちですが，『解説』でも「内容項目は，道徳性を養う手掛かりとなるもの」と示されています。道徳的価値について，内容項目で示された文言を生徒の言葉として引き出すことで道徳科の目標が達成されるのではないのです。

ここで注目すべきはむしろ，自己を見つめる学習活動と，物事を広い視野から多面的・多角的に考える学習活動です。これらの評価について，本書14～16ページで解説します。

② 道徳科と学校教育全体を通じて行う道徳教育

道徳教育の要としての道徳科とは

道徳科も，学校教育全体を通じて行う道徳も，共に道徳性を養うことを目標としており，道徳科は道徳教育の要として位置づけられています。道徳科の年間計画では別葉を作成し，学校教育全体を道徳教育の視点で補充・深化・統合します。そして公開授業で道徳科の学びの様子を保護者に伝えることは，「学校はこういうことを大切にしたいと考えているんだな」「学校はこのような心を持った生徒を育てたいと思っているんだな」というように，学校の道徳教育への理解へとつながっていきます。

指導要録における評価は，道徳科は「道徳科」の欄に文面で，学校教育全体を通じて行う道徳教育は今まで通り「行動の記録」の欄に記号で，「総合所見及び指導上参考となる諸事項」の欄に文面で行います。[※3] 通知表でも同様に留意しないといけないことは，道徳科の評価の欄には授業の評価を書くことを旨とすることであり，道徳的な実践や行為を書くのではないことです。つまり「あいさつをきびきびと行うことができます」とか「いつも友達のことを思いやることができます」というようなことは記述しません。

※3 道徳教育に係る評価等の在り方に関する専門家会議『「特別の教科 道徳」の指導方法・評価等について（報告）』2016年7月22日より

道徳教育推進教師が進めることは何か

自校の道徳教育を推進する責任者は校長ですが,「指導力を発揮して,道徳教育の推進を主に担当する」のは道徳教育推進教師です。道徳教育推進教師は,校長が示した方針の下に指導体制の整備を全教師の共通理解を得ながら進めていくことがその役割となります。

道徳教育推進教師がリーダーシップを発揮して進めることとして,道徳科の指導力向上を中心に,道徳教育の全体計画に基づく道徳科の年間指導計画や別葉の作成,道徳科の授業への校長や教頭・副校長などの参加や他の教師との協力的指導の推進,保護者や地域の人々の参加や協力などが得られるよう校内外のコーディネート等をします。評価については,校内研修で理論研修の推進をしたり,実際の評価資料の集め方や文面について共通理解を図ったりするなど,とても重要な校務分掌です。

学年での共通理解のもち方

同一学年の学級での道徳科の授業は,年間計画にそって同じ教材・指導での授業が実査されるよう年間計画が作成されています。そのため同学年の教師が否応なしに「次の道徳科授業はこの教材だな。目標はこれだな」というように共通理解を持つことになります。また,授業後には授業者同士で意見交換することができるとOJT[※4]が進んでいきます。

※4　On-The-Job Trainingの略。実際の職場で実践を通して学ぶ訓練のこと。

より高い効果が期待される場合は教材の変更も可能ですが,好き勝手に教材を入れ替えてやってよいということではありません。内容項目や教材の傾向のバランスを考慮しなければなりません。また,発達段階や政治的中立性について検討し,そもそもその教材は真実なのかなどチェック項目がたくさんあります。教材を変更するときは,校長や学年の教師にその内容を伝え,教材としてふさわしいかなどのアドバイスをもらうことが大切です。また,「今日の授業は去年やったよね」ということがないよう年間計画に記録し,次年度の年間計画づくりの際に配慮することが大切です。教材変更の熱意はきっと道徳科を活性化するものになり,生徒が期待する道徳科への一歩になることでしょう。理解ある校長ならばきっと喜んで力になってくれることと思います。

評価については,校内研修での理論研修や実践的研修を進めながら,全職員の共通理解を進めることが大切です。特に保護者へ伝える通知表や記録に残す指導要録の文面は肯定的な記載が望ましく,管理職による確認が必須です。

他の各教科等との関連

道徳教育はすべての教育活動の中で行われるものです。それでは，各教科における道徳教育とは何を指すのでしょう。その一つに，学習内容の中に含まれる道徳的価値を認識し，それについて考えることで道徳性を養うことです。例えば，国語で教材「走れメロス」を扱ったとすれば，そこには「信頼，友情」の道徳的価値があります。ほかにも，授業態度に道徳的態度を求めることなどがあります。授業の開始時間には授業の準備をして待っているとか，グループ学習では思いやりの気持ちをもって交流できるなどです。

評価については，道徳科は各教科と大きく異なります。教科は教科ごとの目標があり，その達成度を観点別に数値などで評価します。道徳科の場合は，目標である道徳性について数値では評価せず，学習状況を記述式で評価することが中心となります。観点別評価もなじみませんし，高校入試等の選抜試験の資料にもしません。

３ 現場発！ 道徳科評価の４つのポイント

教師が指導に生かす「指導と評価の一体化」の意味

授業を終えて授業者が一番気になるであろうことは，「授業のねらいは達成されたか」「生徒は何を学んだか」ということでしょう。

そこで，生徒の学びを確認するために終末で「授業の感想を書きましょう」という問いで記述させることがあります。感想の中には，授業のねらいに関するものだけではなく，「オリンピック選手の話はタイムリーなので一生懸命考えることができた」というような教材の好き嫌いであったり，「いつもよりみんな集中して考えることができていた」というような学級の授業に向かう様子であったり，様々です。

本時のねらいへの迫り方について生徒全員の情報を得ることはできませんが，生徒の学習状況をつかんだり，教材がもつ魅力の度合いをつかんだりすることはできます。また，自由に書かせる記述の中にねらいへ向けた生徒の様子がうかがえるのであれば，その授業が本当に良かったものであることの裏付けになるでしょう。

ほかには，学びの内容に絞って尋ねるために，「何を学びましたか」とか，さらに学びの分野を制限するために内容項目の言葉などを活用し，

「○○について，新たに何を学びましたか」と終末に問うこともできます。本時のねらいに沿っていたかを見取る発問として効果があります。一方，本当にその授業で学んだことを生徒は書くかわかりません。問われたこと以外のことを考えていたかもしれないからです。また，「道徳では何か学ばなければならない」「今日の授業で先生は何を学べと言っているのだろう」という重荷になりかねません。生徒に思考の自由を保障してあげたいものです。さらに，授業の形式化，ワンパターンに陥らないようにする配慮が必要ですし，また，書かない子や書けない子にはヒアリングや周りの生徒への聞き取りなどの工夫が必要です。

Point 2 生徒が学びを深める（生徒の自己評価）

授業において，終末を中心に「学びの振り返り」をする場面を設けることで，生徒が自分の学びを自己評価し，学びを深いものに進めることができます。

例えば，ワークシートやノートに自己評価を書かせる方法があります。前で述べたように学んだ内容を書かせるのでなく，自分の学習状況，特に「多面的・多角的に考えることができたか」「自分を振り返って考えることができたか」を振り返らせることです。本書30ページのように，それらを4段階（◎○△☆）で自己評価するやり方でもよいでしょう。また，「友人の発表に学んだこと，気づいて良かったことは赤ペンでワークシートに書き込みなさい」と指示をしておけば，ワークシートが朱書きでいっぱいになればなるほど多面的・多角的な学びが進んだことを自覚できます。ほかにも，ワークシートに記載した内容の中に，自分との関わりで書いてある部分をマーカーペンで上書きさせることで，マーカーがいっぱいになればなるほど自己を見つめる学びが進んだことを自覚できます。書かない子や書けない子には個別支援が必要です。

一方，教材から離れた内容項目別の自己評価は，どうしても抽象的となり生徒にとっても記載しにくいものになります。授業直後に教材を通しての学びを意識して書かせることを積み重ねていくことが大切です。

Point 3 保護者に伝え，生徒を励ます評価　～通知表を中心に～

全国の中学校教師が気になっているのが，通知表に書く評価のことでしょう。本書も通知表への評価の記載を中心に示すものです。

そもそも，通知表とは何でしょう。通知表は保護者に対して通知するものです。生徒の学習の状況を連絡し，保護者の理解や協力を求めるものです。作成に関して法的根拠はありません。作成やその書式などはすべて校長裁量になっています。実際は各学期に作成されることが多く，文章記述に関しては生徒を肯定的に捉えて，認め，励ますような文面が多くなっています。

道徳科では通知表へ評価を文章記述として記載します。通知表へ記載する評価の内容は，生徒の輝いた様子の記述が中心になります。どうしても課題を伝えたいときは，「～について自分の経験と照らし合わせて考えることで，より深い学びになるでしょう」というように「期待」という形で伝えることができます。

通知表以外でも，生徒を励ます評価として，１時間の授業後にワークシートやノートに教師の朱書で伝えることができます。ワークシートを教室壁面などに掲示する際，教師の励ましの言葉がたくさんあると，人権教育の視点でも素晴らしい教育環境になると思います。それらの延長上に通知表の記載があります。

Point 4　法的な記録　～指導要録の記述について～

指導要録は通知表と異なり法的根拠のある公簿になります。在学する生徒の学習及び健康の状態を記録した書類の原本であり，学校に作成・保管義務※5があります。指導要録の様式を定めるのは設置者の教育委員会（地教行法※6）であり，作成は校長の権限になっています。文部科学省は学習指導要領の改訂ごとにその趣旨を踏まえた「指導要録の参考様式」を提示しており，転出入児童・生徒の便宜等の観点から多くの自治体でこの参考様式をもとに作成しています。

参考様式では，道徳科の記述は小さな枠の中に書くので，ほとんど１，２行の記述になることでしょう（p.14の参考様式（イメージ）参照）。現場では電子システム化が指導要録にもすすんでおり，あっという間に書けるようになるようです。

実際には，通知表を先に作成していますので，その整合性からも通知表に記述した内容をまとめて大くくりに捉えることが多くなるでしょう。また，通知表と異なり，教師からの期待を伝える記述は指導要録の特性上記載しないことになります。

※5 学校教育法施行規則，保管は原則5年。学籍に関する記録は20年。

※6「地方教育行政の組織及び運営に関する法律」の略。

中学校生徒指導要録　参考様式（イメージ）

各教科の学習の記録

I　観点別学習状況

教科	観点＼学年	1	2	3
国語	国語への関心・意欲・態度			
	話す・聞く能力			
	書く能力			
	読む能力			
	言語についての知識・理解・技能			
社会	社会的事象への関心・意欲・態度			
	社会的な思考・判断・表現			
	資料活用の技能			
	社会的事象についての知識・理解			
数学	数学への関心・意欲・態度			
	数学的な見方や考え方			
	数学的な技能			
	数量や図形などについての知識・理解			
理科	自然事象への関心・意欲・態度			
	科学的な思考・表現			
	観察・実験の技能			
	自然事象についての知識・理解			
音楽	音楽への関心・意欲・態度			
	音楽表現の創意工夫			
	音楽表現の技能			
	鑑賞の能力			

教科	観点＼学年	1	2	3

II　評定

学年＼教科	国語	社会	数学	理科	音楽	美術
1						
2						
3						

学年＼教科	保健体育	技術・家庭	外国語			
1						
2						
3						

特別の教科　道徳

学年	学習状況及び道徳性に係る成長の様子
1	
2	
3	

総合的な学習の時間の記録

学年	学習活動	観点	評価

出典：道徳教育に係る評価等の在り方に関する専門家会議『「特別の教科道徳」の指導方法・評価等について（報告）』（2016年7月22日）より

4 知っておきたい道徳科評価 5つのキーワード

キーワード1 多面的・多角的

第１章総則の第１の２の(2)に示す道徳教育の目標に基づき，よりよく生きるための基盤となる道徳性を養うため，道徳的諸価値についての理解を基に①，自己を見つめ②，物事を広い視野から多面的・多角的に考え③，人間としての生き方についての考えを深める④学習を通して，道徳的な判断力，心情，実践意欲と態度を育てる。[※7]

※7 文部科学省『中学校学習指導要領（2017年告示）』第3章特別な教科道徳　第１目標(p.154)。①②③④の番号と下線は引用者による。

上記の学習指導要領道徳科における目標の４つの学習活動①～④のうちの一つ,「物事を広い視野から多面的・多角的に考え」は, 一つの価値や教材解釈を教え込む授業観からの脱皮を図った重要なキーワードです。

それでは，多面的・多角的に考えることとはどういうことでしょうか。

※8〜10 文部科学省『解説』第5章 道徳科の評価 第2節の2の(2)個人内評価として見取り，記述により表現することの基本的な考え方(p.113)

『解説』では次のように例示されています。

①道徳的価値に関わる問題に対する判断の根拠やそのときの心情を様々な視点から捉え考えようとしている。※8

つまり，「この行動は，もしかしたらこんな理由があったのではないか，いや，こういう理由かもしれない」「こう考えたのではないか，いや，もしかしたらこんなことも考えていたのかもしれない」といった様々な視点から生徒が捉えようとしている様子です。日頃から生徒の発表に対して，「考えられる理由をあげてみよう」「そのときどんな気持ちだったのか，考えられることをあげてみよう」という問いかけが効果的です。

②自分と違う立場や考え方，感じ方を理解しようとしている。※9

つまり，「友達はそう考えるのか，自分の考えはこうだから自分とは違うな」といった，例えば対話的な学びを取り入れ考えを述べ合うような学習で見られる様子です。

③複数の道徳的価値の対立が生じる場面において取り得る行動を広い視野から多面的・多角的に考えようとしている。※10

つまり，「主人公はどちらか迷っているな。でもこんな方法もありじゃないかな」といった考え方です。例えば「（主人公に）こんな方法もあると提案してみてください」と問うことで思考を広げることができます。

これらには，小集団での対話的な学びや，思考の「見える化」を取り入れての学習活動が有効です。

評価においても，『解説』で，「特に，学習活動において生徒が道徳的価値やそれらに関わる諸事象について他者の考え方や議論に触れ，自律的に思考する中で，一面的な見方から多面的・多角的な見方へと発展しているか」（p.112）を重視することが重要とされています。

キーワード2 自分との関わり

「多面的・多角的」と双璧をなすキーワードが「自己を見つめ」です。2008年版学習指導要領でも，道徳の時間の目標として道徳的価値の自覚があげられていましたが，道徳科ではキーワードとして「自我関与」を使いながら，引き続き教材において自分との関わりが重要視されています。

それでは，自分との関わりを考えることとはどういうことでしょうか。『解説』では次のように例示されています。

①読み物教材の登場人物を自分に置き換えて考え，自分なりに具体的にイメージして理解しようとしている。※11

※11～14 文部科学省『解説』第5章 道徳科の評価 第2節の2の(2) 個人内評価として見取り，記述により表現することの基本的な考え方(p.113)

つまり，「自分がその場にいたらどうするかなあ」等考えられるように，例えば「あなたならどうしますか」と問うて進められる学習の様子です。

②現在の自分自身を振り返り，自らの行動や考えを見直している。※12

つまり，「今までの自分はどうだったかなあ」等考えられるように，例えば「今までの自分を振り返ってみよう」と問うて進められる学習の様子です。

③道徳的な問題に対して自己の取り得る行動を他者と議論する中で，道徳的価値の理解を更に深めている。※13

つまり，「友達はその場面なら～しようと考えるのか，自分だったら～する。自分のことがよくわかった」等考えられるように，例えば対話的な学びを取り入れ考えを述べ合うような学習の様子です。

④道徳的価値の実現することの難しさを自分のこととして捉え，考えようとしている。※14

つまり，「確かにこうすべきだなあ。でも実際自分がするとしたら難しいな」等考えられるように，例えば「こうすべきだと思ったそのことを，あなたは本当にできますか」と問うて進められる学習の様子です。

これらには，小集団での対話による学習活動や，思考の見える化を取り入れての学習活動が有効です。

キーワード３ 禁止事項

道徳科における学習状況や道徳性に係る成長の様子の把握することは，生徒の人格そのものに働きかけ，道徳性を養うという道徳科の目標に照らし，生徒がいかに成長したかを積極的に受け止めて認め，励ます観点から行うものであり，個人内評価であるとの趣旨がより強く要請されるものです。この視点に立てば，評価には禁じられていることがいくつかあることがわかります。

一つめは，個人内の評価ですから，他者との比較で記述しないということです。「クラスで一番自己を振り返っていました」，「自分のことを振り返ることが，他の生徒と比較してもよくできています」とは書かないのです。

二つめは，学習指導要領にも記載されたように「数値などによる評価は行わない」ということです。「道徳科は３だった！」という評価は禁じられています。つまり文章で表現する「記述式」になるということです。また，『解説』には「道徳的な判断力，心情，実践意欲と態度のそれぞれについて分節し，学習状況を分析的に捉える観点別評価を通じて見取ろうとすることは，生徒の人格そのものに働きかけ，道徳性を養うことを目標とする道徳科の評価としては妥当ではない」※15と記述しており，「道徳的な判断力はＢだったが道徳的心情はＡだった」というような評価もよしとはされていません。さらに，『解説』には「道徳科で養う道徳性は，生徒が将来いかに人間としてよりよく生きるか，いかに諸問題に適切に対応するかといった個人の問題に関わるものである。このことから，中学校の段階でどれだけ道徳的価値を理解したかなどの基準を設定することはふさわしくない」※16と記述しており，評価の基準をおいていわゆる「絶対評価」を行うこともよしとはされていません。

三つめは，道徳科の評価は，選抜に当たり客観性・公平性が求められる高等学校の入学者選抜とはなじまないものです。このため，道徳科の評価は調査書に記載することはなじまず，合否判定に活用することは禁じられています。

四つめは，根本的なことになりますが，そもそも学習における評価とは，生徒にとっては，自らの成長を実感し意欲の向上につなげていくものであり，教師にとっては，指導の目標や計画，指導方法の改善・充実に取り組むための資料となるものです。生徒にとって学習意欲が阻まれるようなことがないよう，誠実に道徳的価値に向き合うことの妨げにな

※15　文部科学省『解説』第5章 道徳科の評価 第2節の2の(1) 道徳科に関する評価の基本的な考え方（p.111～112）

※16　文部科学省『解説』第5章 道徳科の評価　第2節の1 評価の基本的態度（p.111）

らないよう評価の方法や授業の在り方には留意が必要です。例えば評価のために授業の形式を固定化してしまっては，生徒の自由な発想を保障できない，ある特定の価値観を教え込む授業になりかねません。

キーワード4 大くくりなまとまり

『解説』では「個々の内容項目ごとではなく，大くくりなまとまりを踏まえた評価」[※17]とすることが求められています。「道徳性を養う」ことが道徳科のねらいであり，内容項目は道徳性を養う「手掛かり」となるものである，すなわち授業のゴールではないという考え方が示されています。

※17 文部科学省『解説』第5章 道徳科の評価 第2節の2の(1) 道徳科に関する評価の基本的な考え方(p.112)

このような教育観や評価観に立てば，道徳科の学習状況の評価にあたっては，個々の内容項目ごとではないこと，年間や学期といった一定の時間的なまとまりの中で評価することという，少なくとも２つの意味で「大くくりなまとまりを踏まえた評価」と捉えることができます。

一方で，通知表に評価を記載する際は，保護者にも伝わりやすいよう，生徒にもどの面が評価されたかがわかりやすいよう，ある授業での学習状況を取り上げることが多くあると思います。それが大くくりなまとまりの中で，個人内の成長を捉えた場面であれば自然なことです。

キーワード5 道徳的判断力，道徳的心情，道徳的実践意欲及び態度

これらは，人間としてよりよく生きようとする人格的特性であり，内面的資質である道徳性の諸様相です。

道徳的諸価値を自分事で考えさせるため，具体的な発問で言えば「あなたならどうする」といった自分の立場で尋ねることが多くなるでしょう。まさに道徳的判断力を問うているのです。その点，読めば学ばせたいことが大体わかってしまう読み物教材ばかりではその期待に応えられなくなるので相当する教材の開発が求められます。また，授業のねらいも道徳的心情や態度の育成に重きが多く研究されてきたので，これからは道徳的判断力を養う道徳科の在り方がより研究されていくでしょう。

ただし，これらの道徳性の諸様相が，それぞれについて分節されて評価されることは妥当ではないとされています（本書p.17）。実際，相当複雑に関連しあっているものであり，それらを評価するのは至難の業です。評価の記述が簡単に書けるものではありません。

第2章
所見の書き方

本章では，通知表所見の書き方
について解説します。
どんな視点で書けばよいのか？
生徒を励ます表現とは？
現場教師の視点でポイントを示します。

1 所見を書く４つのポイント

ここからは，保護者に生徒の学習指導の状況を連絡し，保護者の理解や協力を求める通知表における道徳科の評価の記載の説明に入ります。

生徒がいかに成長したか，認め，励ます

道徳科は，生徒の人格そのものに働きかけるものである以上，人格を否定されたと受け取られかねないような評価は決してしてはなりません。通知表は一生残るものでもあります。生徒がまとまった期間の中で成長した面を積極的に受け止めて，認め，励ますように記載します。生徒の授業での輝く様子を成長として受け止めて積極的に評価しましょう。生徒はその方向でまた頑張ることができます。その際，個人内評価なので他と比較することなく，その生徒自身の中でのプラスの変容（＝成長）を記載します。

学習状況を評価する

本書８ページの「道徳科の目標と評価」で述べましたが，ほかの教科と異なり，道徳科の評価の大きな特色が「道徳科は道徳性を養うことを目標としているが，道徳性を評価するよりも，学習状況を評価する方が主となる」ということです。しかし学習内容は22の内容項目※1で示されていますので，大くくりで判断した上で，ある内容項目の学習の時の状況を記述する場合は十分にあり得ます。そこで，本書でも内容項目別の文例※2を示しています。

※1　内容項目一覧（本書p.38）

※2　第3章 所見文例集（本書p.42～85）

視点❶　自己を見つめている

読み物教材の登場人物を自分に置き換えて考えていたり，今の自分自身を振り返っていたり，対話などする中で自己理解が深まったりする学習の様子を積極的に評価します。大くくりの表現として，「しっかりと自分を見つめながら」等の言葉が使えます。この評価による励ましによって，生徒は道徳科ではより自己を見つめることを意識します。

❶の所見例

- 誰に対しても気持ちのよいあいさつができていたか，今までの自分をしっかり振り返ることができました。
- 今までを振り返り，身近な人を思いやる気持ちの大切さを実感できたと，ワークシートに書いていました。

NG例「教材○○で国際理解を手掛かりに学んだ授業では，客観的にみて外国で働く医者に対しては自分には全く関係ないと考え，国際的視野に立った考えを社会科的な視点で深めることができました」

視点❷　物事を広い視野から多面的・多角的に考えている

道徳的判断の根拠やそのときの心情を様々な視点から捉え考えようとしていたり，自分と違う立場や考え方，感じ方を理解しようとしていたり，あるいは複数の道徳的価値の対立が生じる場面において取り得る行動を広い視野から考えようとしていたりする学習の様子を積極的に評価します。この評価による励ましによって，生徒は道徳科ではより多面的・多角的に考えられるようになります。

❷の所見例

●教材○○で国際理解を手掛かりに学んだ授業では，けが人を出してはいけないという生命尊重のことまで幅広く考えながら，国際社会の中で信頼される行動とは何か広い視野で考えことができました。

NG例「教材○○で国際理解を手掛かりに学んだ授業では，いろいろな意見が友達から出されても，一貫してけが人を出してはいけないという側面だけで国際社会の中での信頼される行動について考えていました」

Point 3　大くくりなまとまりを踏まえた個人内評価

この授業ではこうだった，あの授業ではこうだったというように，授業をすべて網羅しようとすると評価の負担が増えてしまいます。同時に評価の文章が羅列的になる可能性もあります。ある一定の期間継続的に生徒を肯定的に見取ってきた後に，その授業での学習状況を評価します。

所見例

●自分が経験したことをもとにいろいろな考えを示すことができました。特に〈思いやり，感謝〉を手掛かりに学んだ授業では，自分が入院したときの経験を教材と照らし合わせながら，自分だったらこうしていきたいと考えて発表しました。

NG例「〈自主，自律，自由と責任〉，〈節度，節制〉，〈向上心，個性の伸長〉，……，を扱った授業では，自分が経験したことをもとにいろいろな考えを示すことができました。一方〈遵法精神，公徳心〉，〈公正，公平，社会正義〉では班学習などでの対話で様々な意見に触れながら考えることができました。また，〈生命の尊さ〉，〈自然愛護〉では教材に自分を投影させながら考えていました」
（内容項目個々についての網羅的な記述は，NGです。）

道徳科ならではの評価文

主体的対話的で深い学びを目指す中で，道徳性を高めるねらいで対話的な学びなどの活動を取り入れたり，体験的な学びを取り入れたりすることがあります。しかしこれらは手段であってゴールではないので，これらの様子のみを取り上げた評価文では物足りなさを感じます。道徳的価値の理解をもとにした学びがあったことを伝えたり，人間としての生き方についての考えを深めたりしている学習状況を評価しましょう。これらは観察で行う場合は，生徒の発表や対話の様子から見取りますが，いつも全員を把握することは難しいです。ワークシートなどに本人が記述したことや発表をもとに評価していくことは十分可能です。

また，自己評価で書かせたことをもとにして評価したり，相互評価で認められたことをもとに評価したりすることで生徒本人が納得し，評価の妥当性も上がります。

視点❶　道徳的諸価値の理解をもとにする

道徳的価値について理解するとは，道徳的価値の意味を捉え，その意味を明確にしていくことです。様々な道徳的価値の相互関係の中で道徳的な問題を考えることで，道徳的価値への理解が深まる様子を記述することが評価のポイントです。さらに，道徳的価値は大切である（価値理解）という認識に終わってしまうのではなく，道徳的価値への自分の見方考え方を理解（自己理解）し，大切であるがその実現は難しい（人間理解）ことや，多様な見方考え方がある（他者理解）ことへと理解が深まっていく様子の記述も評価のポイントです。

❶の所見例

●授業のねらいに迫りながらも，それ以外の大切なことも学び合っていました。また，具体的行動で表す実現の難しさを感じながらも前向きな気持ちを伝えていました。

NG例「いつも授業のねらいについて的確に教材を読み取り，そこに含まれる道徳的価値について前向きにとらえていました」

視点❷　人間としての生き方についての考えを深める

中学生にもなると，自分を深く見つめ，在るべき自分の姿を描きながら自分の人生の意味をどこかに求め始める時期になってきます。ねらいに関わる様子ばかりでなく，生徒が人間としての生き方について考えを深める様子を評価するのも大きなポイントです。

❷の所見例

●教材○○で国際理解を手掛かりに学んだ授業では，国際社会の中で信頼される行動とは何か考え，これから人間としてどう生きていくべきかという自分の問題として考えていました。

NG例「教材○○で国際理解を手掛かりに学んだ授業では，国際社会の中で信頼される行動についての情報を比較し分析していました」

② 所見の要素と組み立て（文章の組み立て方）

通知表では本人を励ますため，生徒を肯定的に見取りその成長を伝えます。その基本姿勢の下，次に示す内容を組み立てて評価文を作成します。

まず，教材名や内容項目を記述して特に伝えたい授業の場面を挙げることがあります。次に，道徳的諸価値の理解をもとにしている学習状況や人間としての生き方についての考えを深める学習状況を，生徒自身の記述や発言から評価します。その際，自己を見つめているか，物事を広い視野から多面的・多角的に考えているかを特に評価します。

1　授業の場面を特定する

通知表では，生徒が「あの授業のあの場面を評価してもらえた」とわかるよう，教材名や扱った内容項目を記述することがあります。

⑴教材名を記述する場合

●教材「○○○○○」で学んだ授業では，

●教材「○○○○○」を通して，

⑵内容項目やテーマを記述する場合

●望ましい生活習慣を身につけることを考えた学習について，

●望ましい生活習慣を身につけることを手掛かりに学んだ授業では，

⑶教材名を記述し，内容項目やテーマを合わせて記述する場合

●教材「○○○○○」を通して，望ましい生活習慣を身につけることを手掛かりに学んだ授業では，

●教材「○○○○○」で学んだ授業では，望ましい生活習慣を身につけることを考え，

2　学習状況を評価する

⑴自己を見つめている

読み物教材の登場人物を自分に置き換えて考えていたり，今の自分自身を振り返っていたり，対話をする中で自己理解が深まったりする学習の様子を積極的に評価します。

- ●（登場人物に対して）自分がもしその立場だったらと考えながら，
- ●（登場人物の生き方を）自分の体験を重ねながら考え，
- ●（登場人物の生き方と比べ）自分の体験を振り返り，
- ●友達と対話する中で自分の考え方を整理し，
- ●関連する自分の体験を語りながら，

⑵物事を広い視野から多面的・多角的に考えている

- ●教材の登場人物の判断について，根拠やそのときの心情を様々な視点から考え，
- ●自分と違う立場や考え方，感じ方を理解しようと対話を重ね，
- ●どのような行動がとれるかを広い視野から考えていました。
- ●生命尊重について，人間だけでなく地球上の動植物も含めて幅広く考えながら，

3　道徳性に係る成長の様子を評価する

⑴生徒自身の記述や発言から評価する

道徳性は生徒の内面にあり，人格にも関わることであり評価は難しいものです。また，生徒が納得するように評価することは，簡単ではありません。そこで，ワークシートなどに本人が記述したことや発表をもとに評価していくことで納得を得られるようにします。自己評価で書かせたことをもとにして評価したり，相互評価で認められたことをもとに評価したりすることで生徒本人が納得した評価になり，評価の妥当性も上がります。

- ●優しさとお節介の違いがなんとなくつかめたと自分を振り返る意見を班活動で発表していました。対話の中で学ぼうとする態度が育ってきました。
- ●規則を守ることで時には生命を守ることにつながる経験をしたと，自分を振り返っていました。ワークシートにもしっかり自分の思いを書くようになりました。

⑵道徳的諸価値の理解をもとにする

様々な道徳的価値の相互関係の中で道徳的な問題を考えることで，道徳的諸価値への理解が深まる様子や，自己理解，人間理解，他者理解へと理解が深まっていく様子が評価のポイントです。

●班での交流を通して，人間の弱さは認めつつも，悪を悪としてはっきり捉え，それを毅然として退け善を行おうとする良心の大切さを学んでいました。

●規則を守ることの根本に公平・公正の大切さがあることに，自分の経験を振り返ることで気づいていきました。

●毎時の道徳授業で学ぶ大切なことを認めつつも，それを実際に行動に移すことの難しさを友達に語るなど，表面上の意見にとどまることなく自分の問題として考えていました。

⑶人間としての生き方についての考えを深める

ねらいに関わる様子ばかりでなく，生徒が人間としての生き方について考えを深める様子を評価することが大きなポイントです。

●これから人としてどう生きていくべきか，対話を通していろいろな視点で考えました。

●これからは礼儀を大切にして行動できるようになろうという意欲を示しました。

⑷もう一歩の学びで止まっている生徒へ

[自分事として捉えられない生徒に]

●さらに，自分だったらどうするだろうと考えることで，行動に起こすのに勇気が必要なことに気づくでしょう。

[多面的・多角的に捉えられない生徒に]

●班や隣の人との話し合いの中で，他の人の意見と自分の意見とを比べて似ているところや違うところを考えることで，さらに考えが深まります。

[価値理解が十分深まっていない生徒に]

●～を理解しているので，（価値理解や人間理解，他者理解の視点で）さらに～すると，学びがより深くなるでしょう。

所見文の要素と組み立て【まとめ】

1　特に成長が見られた授業の場面を教材名，内容項目やテーマで記述※

例）教材「○○○○」を通して，○○○○について考えた授業では，

＋

2　「自己を見つめる」「多面的・多角的に考えている」学習状況を記述

例）自分の体験を重ねながら考え，

例）自分と違う立場や考え方，感じ方を理解しようと話し合いを重ね，

＋

3　道徳性の成長に係る様子を記述

●生徒自身の記述や発言から

例）班活動で発表して…／ワークシートに書いて…

●道徳的諸価値の理解をもとにする

例）～学んでいました。／～気づいていきました。／～考えていました。

4　人間としての生き方の記述

●人間としての生き方についての考えを深める

※概括を始めに記述する方法

所見文の始めに学びの様子を概括して記述する方法も考えられます。大まかに自己を見つめる様子や多面的・多角的に考える様子，積極的な様子などにふれておいて，次に特に際立ったところを具体的に書きます。上記の所見文の要素と組み立てを参考に工夫してください。

③ 所見の書き方の留意点（用字用語など）

保護者に伝え，生徒を励ます通知表の評価文。もちろん生徒も「どんな風に私のことを評価してもらえたのかな」と楽しみにして読むものです。それだけに，より具体的に，わかりやすくしなくてはなりませんし，その評価が十分納得できるものでなければなりません。

「私の学んでいるあの場面を・あの様子をほめてもらった。先生はよく見てくれているなあ」と，生徒にも納得させたいところです。また，わかりやすくするためには，難しい専門用語は使わない方が望ましいです。また，通知表の一般的な文面と同じですが，否定的な言葉の使用は控えましょう。なぜならば，通知表は本人や保護者の手元に一生残る書類です。

1　難しい専門用語は使わない

今までも道徳の時間に関しては，教師でもわかりにくい言葉が多くあ

りました。学習指導要領も改善されて大分わかりやすくなりました。通知表では特にわかりやすく書きましょう。

難しい表現	わかりやすい表現例
自我関与させながら	自分のことを照らし合わせながら
多面的・多角的に考え	いろいろな角度から考え／いろいろな面から考え
道徳的判断力がついており	良いことか悪いことかを判断する力があり
道徳的心情が育っており	道徳的に大切なことを大切だと思う気持ちが育っており
価値理解ができました。	道徳的に大切なことの意味を理解しました。
他者理解ができました。	いろいろな感じ方や考え方があることに気づきました。 人間にはいろいろな良さがあることに気づきました。
人間理解ができました。	わかっていてもできない弱さと，それを乗り越える素晴らしさが人間にあることに気づきました。

２　否定的な言葉を使わない

　肯定的に見ようとしてもどうしても肯定的に見ることができない，または，道徳の授業をほとんど受けておらず，なかなか評価が書けない…そのようなときに，つい否定的な言葉が出てきてしまいそうです。しかしそんなときにもポジティブに切り替えてみると良い面として見えてくることがあります。

否定的な表現	ポジティブに表現した例
なかなか集中できず	いろいろなことに興味関心が湧きながらも
他の人と交わろうとせず	自分自身にしっかり向かい合い
建前ばかり発表し	こうありたいという自分の理想像をしっかり持ち
人の意見には耳を貸さず	強い信念の下に自信を持って発言し
いつも『わかりません』としか言いません	自分の考えを言おうと努めていました
一面的な見方しかできず	一つのことにこだわって考える粘り強さがあり
自分との関わりを考えることができず	思い込みが強くならないよう，何事も冷静に分析しようとしており
自分の経験には触れようとしないで	いつも未来志向で考え

3　不登校・不登校傾向などで欠席が多い生徒の評価

本人が道徳の授業を受けたことだけでもとても肯定的な評価ができます。しっかりとその時間の学習状況を観察しましょう。

欠席が多い生徒に対して評価を与えることができるよう，教師の手立てが必要です。例えば，教材を指定し家庭で読んでもらい，感想を求めたり，教科書本文に書かれている問いを考えさせたりします。生徒にはワークシートに書かせたり，直接本人に聞き取ったりして評価するとよいでしょう。

主に保健室等で過ごす生徒には，本人の受け入れがあればそこで道徳の授業を行うこともできます。

4　望ましくない態度でも成長しようとがんばっていると捉える

多面的･多角的に考えたり，自己を振り返ったりして考える道徳科に積極的な生徒ばかりではないかもしれません。人と交わることが苦手だったり，表現することが苦手だったり，授業に対して否定的な態度だったり様々な生徒がいます。しかし，道徳科ほどそのような生徒に寄り添って評価できるものはありません。

文章を書くのが苦手な生徒ならば，渡した読み物教材の中に，心に残るところをアンダーラインを引かせるだけさせて，「教材～において，～が心に残ったと表現することができました」と評価できます。うつ伏せになっていても教室にいると言うことは耳から様々な情報が入ります。「授業中にじゃまして迷惑をかけてはいけない」という態度なのかもしれません。耳から聞くだけでも道徳の学びはできます。

4　評価のための資料の生かし方

1　多種多様な評価方法

道徳科の評価は，生徒が書いた内容や書く様子，対話や発表の内容や様子，協働的な学びの内容や様子，生徒への聞き取り，自己評価の活用などから行います。これらをどう生かすとよりよい評価ができるでしょうか。もちろん評価は様々な方法で効果的に行われることが望ましいです。一方で負担が過多になると「評価のための評価」となってしまいます。資料の生かし方，それぞれの長所・短所を見極めることが必要です。

評価方法	特　徴
ポートフォリオ評価	道徳ノートやワークシート等，生徒の学習の過程や成果の記録を計画的にファイルに蓄積して振り返られるようにし，そこでどのようなことが書かれていたか，どのような様子で書き込んでいたかを総合的に見ます。そして生徒の学習状況や道徳性の成長の様子を見取ります。なお，記録物や実演自体を評価するのではないことに留意が必要です。
エピソード評価	教師が授業において生徒の学習状況や道徳性の成長の様子を記録して蓄積し，その結果を考察して，生徒の学習状況や道徳性に係る成長の様子を見取ります。板書を写真に撮っておくとよいでしょう。
面接による評価	教師が生徒と直接面接し，発言内容やその様子から評価をします。日頃の授業で表現が苦手な生徒に向けて行うと有効です。
複数の教師による評価	観察による評価の場合，どうしても主観が大きくなりがちです。そこで複数の教師で観察したり検討したりすることでより客観的になります。その点で「ローテーション道徳」も効果的です。
自己評価	自己評価には，授業の終末で「今日の授業での自分の学び方はどうであったか」と振り返らせる方法があります。また，授業の途中で「今の自分の学びはどうか」と，途中で修正を促すようにすることもできます。生徒の学びを肯定的に捉える一助になります。その自己評価の内容をそのまま通知表で知らせるという使い方はしませんが，毎回取ることで教師にとっては大きな授業評価です。また，生徒はその自己評価の項目を意識して学ぶことで指導と評価の一体化が進みます。

2　評価方法をこう生かす

道徳科における学習状況や道徳性に係る成長の様子を把握するにあたっては，学習活動を通じて生徒が物事の見方を多面的・多角的な見方へと発展させていることや，道徳的価値の理解を自分との関わりで深めていることを見取るための様々な工夫が必要です。それでは実際，どう評価すればよいのでしょうか。

（例１）ワークシートなどの自己評価表

ワークシートの最下段に次のような自己評価表をつけ加えます。

> １　今日の授業にタイトルをつけよう。
> （　　　　　　　　　　　　　　　　　　　　　）
> ２　自分の生き方の参考になりましたか。
> ◎とても　　○わりと　　△あまり　　☆全く
> ３　いろいろな見方で考えましたか。
> ◎とても　　○わりと　　△あまり　　☆全く
> ４　自分を振り返ることができましたか。
> ◎とても　　○わりと　　△あまり　　☆全く

「３　いろいろな見方で考えましたか」で，物事の見方を多面的・多角的な見方へと発展させているかの自己評価としてみることができます。

「４　自分を振り返ることができましたか」で，道徳的価値の理解を自分との関わりで深めているかの自己評価としてみることができます。

（例２）自分の書いたことを振り返らせる

本書12ページにも記しましたが，下記のように自分の書いたことを振り返らせるとよいでしょう。

①「友人の発表に学んだこと，気づいてよかったことは赤ペンでワークシートに書き込みなさい」と指示する。

ワークシートが朱書きでいっぱいになればなるほど，多面的・多角的な学びが進んだことを自覚できる。

②ワークシートに記載した内容の中に，自分との関わりで書いてある部分をマーカーペンで上書きさせる。

マーカーがいっぱいになればなるほど，自己を見つめる学びが進んだと自覚できる。

③書かない子や書けない子には個別に支援する。

■「チェックリスト」の記録を評価文作成に生かす

評価は教師の過度な負担にならぬよう留意が必要です。そこで，次に示すような学級別の一覧表（チェックリスト）を作成し，補助簿として活用してはどうでしょうか。枠の１段目には，「発表　交流　ノート」，２段目には「自己　多面多角」とあらかじめ印刷しておきます。１段目は評価の根拠となる場面です。２段目は評価すべき学習活動です。評価に値すると見取ったとき，マーカーや丸囲みをし，空欄には気づきをメモします。

	① 4/13 A2	② 4/20 C14	③ 4/27 B8	④ 5/8 D21
01 赤井	発表 交流 ノート 自己 多面多角	発表 交流 ノート 自己 多面多角	発表 交流 ノート 自己 多面多角	発表 交流 ノート 自己 多面多角
02 井上	発表 交流 ノート 自己 多面多角	発表 交流 ノート 自己 多面多角	発表 交流 ノート 自己 多面多角	発表 交流 ノート 自己 多面多角
03 内藤	発表 交流 ノート 自己 多面多角	発表 交流 ノート 自己 多面多角	発表 交流 ノート 自己 多面多角	発表 交流 ノート 自己 多面多角
04 浜田	発表 交流 ノート 自己 多面多角	発表 交流 ノート 自己 多面多角	発表 交流 ノート 自己 多面多角	発表 交流 ノート 自己 多面多角

空欄　気づきをメモ
1段目　評価の根拠となる場面
2段目　評価すべき学習活動

01番の赤井さんは毎時間積極的で表現や交流ができており，キーである「自己を見つめる」「多面的・多角的に考える」ができています。道徳性に係る成長の様子や学習状況を加えると評価文は完成します。

02番の井上さんは毎時間積極的に表現や交流ができていますが，4月27日の学びにおいて多面的・多角的な考え方ができたようです。この学期の通知表は，この日の授業にスポットを当てて評価するとよいでしょう。

03番の内藤さんは表現することが苦手なようです。ところが5月8日の授業で列指名されたときにぽつんと自分が好きなことを発表しました。その内容を学級全体に返して学びが深まったこの授業を中心に評価するとよいでしょう。

04番の浜田さんは授業を重ねるごとに主体性が表れてきています。そして5月8日には自分の経験を伝え，中学生なりの人生観を発表することができました。この本人の学びに向かう成長の様子を評価するとよいでしょう。

5 授業における評価のポイント［略案1～3］

ここでは，1時間の授業の中で生徒の学習状況や道徳性に係る成長の様子を，どう評価すればよいのか示します。質の高い指導法で例示された３つの方法に即した略案の中で，評価のポイントを示します。

［略案1］ 読み物教材の登場人物への自我関与が中心の学習

登場人物の心情が綴られた教材ですが気持ちを追いかけるだけでなく教材に自分を関与させて考えながら学習するスタイルです。

●**授業名**　「父のひと言」
（『中学道徳 心つないで３』2017年版，教育出版副読本）

●**主題名**　誠実に実行してその結果に責任をもつ
（A１【自主，自律，自由と責任】）

●**教材**　動物園の就職試験に不合格となった主人公は，挫折感から故郷に帰ってしまう。しかし，父親からの「おまえのカワウソが寂しがっているぞ」という言葉によって，自分の弱さを反省し，責任を果たすことの大切さを自覚するという読み物教材です。

●**ねらい**　父が私に発した言葉の意味を考えることを通して，責任を持つことの大切さを自覚し，自分の関わる責任を全うしようとする態度を育てる。

◎**評価**（右ページの表の①②参照）

評価①　様々な道徳的諸価値について自分なりに考えているか。また，責任を持つことの大切さとのつながりを感じているか。（観察）
※多面的・多角的な学びの様子はできれば評価したい点です。

評価②　自分の経験と重ね合わせて責任を果たすことについて考えることができたか。（ノート・ワークシート）
※ここでは，自我関与できたかはぜひ評価すべき点です。

展開例

過程	学習活動	主な発問と予想される反応	指導上の留意点	備考
導入 8分	1　自分の「役割」を出し合う。 **評価のポイント** 導入で経験を想起し自我関与しやすくする。	自分が持っている役割にはどんなことがあるだろう。 ○生徒会　○委員会 ○部活動キャプテン 自分の役割をきちんと果たしてよかったなと思った経験はあるだろうか。	○事前にアンケートをとり，それをまとめて示す。 ○プラスイメージの体験を思い出し，自我関与しやすくする。	アンケート
展開 32分	2　教材前半を読み，「私」の悩んでいる状況を理解する。 3　教材後半を読み，父がかけた言葉について話し合う。	「父」は「私」にどんな言葉をかけたか，その理由は何だろう。 ○役割を果たす。命は大切。仕事の責任。 ○一休みも大切。子を思いやる。 「おまえのカワウソが寂しがっているぞ」という父の言葉は，「私」の生き方にどんな影響を与えただろう。 ○生きものを扱う仕事を責任持ってする。 ○就職試験をがんばった。 ○仕事を途中で投げ出さない。 **評価のポイント** 対話的な学びで多面的・多角的な考えを導く。	○同じ選択をした生徒同士で小グループ(A)を作り，選んだ理由を話し合う。 ○４人班(B)を作り考えたことを話し合う。その中で同じ意見・似た意見と，異なる意見を押さえる。 ○責任を果たすことが様々な幸福につながることに気づかせる。 ➡**評価①**	○状況を板書 小集団Ａ ○状況を板書 小集団Ｂ
終末 10分	4　責任を果たすことについての考えをまとめる。	責任を果たすことについて，今日の授業で新たに学んだことを出し合おう。	➡**評価②**	ノート ワークシート

[略案2] 問題解決的な学習

問題解決的な学習とは，生徒が学習主題として何らかの問題を自覚し，その解決法についても主体的・能動的に取り組み，考えていくことにより学んでいく学習方法です。

●**授業名** 「二通の手紙」（『私たちの道徳　中学校』文部科学省）

●**主題名** きまりの意義とは何か
（C10【遵法精神，公徳心】）

●**教材** 模範的職員であった元さんが，幼い姉弟への同情心からきまりを破り，その結果，懲戒処分を受けてしまうという話から，きまりの意義を考えさせる読み物教材です。姉弟の真剣な表情に心動かされ，入園を許可する元さんの行動は多くの生徒から共感を得ますが，親の同伴がない幼い姉弟の安全をどこまで本気で考えたのか，一時の感情から自分の判断できまりを破った結果は，時として個人の責任では背負いきれない場合があることに気づかせることができる教材です。

●**ねらい** 対話的な学びを通して，元さんの判断や行動について規則の遵守を中心に他の視点からも考え，人の命も守る規則遵守の意義を理解し，よりよい社会をつくろうとする態度を育てる。

◎**評価**（右ページの表の①②参照）

評価① きまりの意義について多面的・多角的に考えることができたか。（観察・ワークシート）
※問題解決的な学習においては，多面的・多角的な学びの様子はぜひ評価したい点です。

評価② きまりの意義について自分なりの考えを持ち，これからの自分の生き方を考えて書くことができたか。（ワークシート）
※問題解決的な学習は，「判断したら終わり」ではなく，その道徳的判断の先にある道徳的実践意欲や態度の育成，さらには人間としての生き方まで押さえていくことが大切です。

●展開例

<table>
<tr><th>過程</th><th>学習活動</th><th>主な発問と予想される反応</th><th>指導上の留意点</th><th>備考</th></tr>
<tr><td>導入
3分</td><td>1　アンケートから，きまりを守るときの葛藤を確認する。</td><td>きまりを守るということをどう思うか。
○きまりを守ることは大切。
○守れないときもある。</td><td>○本時の学習課題をつかむ。</td><td>PC
TV</td></tr>
<tr><td>展開
37分</td><td>2　教材前半を確認し，元さんの行動について奨励点，問題点を話し合う。
（1）立場決め
（2）理由発表

3　教材後半を読み，元さんの言葉や行動の意味について深く考える。
個人➡班

4　自分ならば，きまりを守るか考える。</td><td>元さんの行動にはどんな奨励点，問題点があったか。
【奨励】特別な状況だから。
【反対】例外を認めるとルール全体が崩れる。

なぜ元さんは職場を去って行ったのだろう。
○もし事故に遭ったら大変だったと気づいた。
○辞めることで職場の人にもこの大切さを示したい。

どうすればよかったか。あなたが元さんだったらどうするか。
○安全のためにも入れない。
○周りに相談や協力依頼する。</td><td>○資料の前半を事前に読ませ，視聴覚教材であらすじの確認をする。
○「規則遵守」と「思いやり」等の葛藤を確認する。

➡評価①
○職を自ら辞したことに疑問を感じさせる。

評価のポイント
対話的な学びで多面的・多角的な考えを導く。

○元さんの行動から学んだことを生かして，自分事として考えさせる。</td><td>PC
TV
「私たちの道徳」
ワークシート
ネームカード</td></tr>
<tr><td>終末
10分</td><td>5　本時の振り返りを行う。</td><td>本時の学習を通して，きまりについて考えたことを書く。</td><td>➡評価②

評価のポイント
どれが良いかだけでなく，道徳的価値の高まりを評価する。</td><td></td></tr>
</table>

［略案3］ 道徳的行為に関する体験的な学習

読み物教材等に登場する人物等の言動を，即興的に演技して考える役割演技など，疑似体験的な表現活動を取り入れた学習があります。このときの評価のポイントを次の例を通して示します。

●**授業名** 「違反摘発を問う」（出典：「きまりと自分の責任」日本標準『中学校編 とっておきの道徳授業Ⅱ』，「違反摘発」教育出版2017年副読本）

●**主題名** きまりや法は人々の安全等を守る
（C10【遵法精神，公徳心】）

●**教材** 本教材は２つの新聞記事で構成されています。ひとつは，会社員の投書で，妻の父が危篤状態になり，交通違反だとはわかっていながらもスピード違反をしてしまい，警察に摘発されて死に目に会えなかった，という記事です。もうひとつは，その記事に対する別の投書で，違法とは知りつつもそれを犯してしまう心情を理解し共感しつつも，実はそれが原因でその方は親族を亡くしてしまっている，という記事です。一時の感情から自分の判断で法やきまりを破った結果は，時として背負いきれない場合があることに気づかせることができる教材です。

●**ねらい** きまりや法は人々の安全等を守るためにあることを理解する。

◎**評価**（右ページの表の①②参照）

評価① きまりや法は人々の安全等を守るためにもあることを理解し，それを守ろうと意識することができたか。（観察・ワークシート）
※体験的な表現活動を取り入れた学習では，その活動で感じ得たものがあったかはぜひ評価したい点です。

評価② 人間としての弱さをもちながらも，きまりや法を守っていきたいという道徳的実践意欲と態度をもつことができたか。（観察・ワークシート）
※体験的な表現活動を取り入れた学習では，表面的でなく深い学びにつながったかを評価します。

展開例

<table>
<tr><th>過程</th><th>学習活動</th><th>主な発問と予想される反応</th><th>指導上の留意点</th><th>備考</th></tr>
<tr><td>導入
3分</td><td>1　身近にあるきまりを想い起こさせる。</td><td>どんなきまりが身の回りにありますか。
○学校のきまり　法律</td><td>○法律の種類に触れ，道路交通法を知らせる。</td><td></td></tr>
<tr><td>展開
15分</td><td>2　教材1を読み川瀬さんの考えを理解する。
（1）立場決め
（2）理由発表
（3）役割演技</td><td>川瀬さんの意見に賛成ですか，反対ですか。
○【賛成】特別な状況だから。
○【反対】例外で崩れる。
○ペアで交互にそれぞれの立場に立って役割演技をし，感じたことを話し合う。</td><td>○「規則遵守」と「思いやり」「寛容」等との葛藤を確認する。
○例示をして取り組みやすくする。
評価のポイント
演技の上手下手を評価するものではない。</td><td>ネームカード</td></tr>
<tr><td>15分</td><td>3　教材2を読み村上さんの考えを理解する。
（1）立場決め
（2）理由発表
（3）役割演技</td><td>○【賛成】もし事故にあったら大変だったと気づいた。
○【反対】事故にあわないように心掛けて運転する。
○ペアで交互にそれぞれの立場に立って役割演技をし，感じたことを話し合う。</td><td>○川瀬さんの考えを伝えようとしているペア1組に発表させる。
○村上さんの考えを伝えようとしているペア1組に発表させる。
評価のポイント
体験的手法で迫った道徳的価値をシェアし合う様子を観察する。</td><td>ネームカード</td></tr>
<tr><td>7分</td><td>4　自分ならばきまりを守るかどうか，その理由を考える。</td><td>あなたがその立場だったらどうしますか。
○安全第一だからしない。
○違反しない範囲で動く。</td><td>➡評価①
○人間理解もふまえた上で，自分事として考えさせる。
➡評価②</td><td>ワークシート
（心の数直線）</td></tr>
<tr><td>終末
10分</td><td>5　本時の振り返りを行う。</td><td>本時の学習を通して，きまりについて考えたことを書く。</td><td></td><td></td></tr>
</table>

中学校道徳科の内容項目一覧

	中学校道徳科　内容項目		本書第3章掲載ページ
A 主として自分自身に関すること	1 自主, 自律, 自由と責任	自律の精神を重んじ, 自主的に考え, 判断し, 誠実に実行してその結果に責任をもつこと。	42～43
	2 節度, 節制	望ましい生活習慣を身に付け, 心身の健康の増進を図り, 節度を守り節制に心掛け, 安全で調和のある生活をすること。	44～45
	3 向上心, 個性の伸長	自己を見つめ, 自己の向上を図るとともに, 個性を伸ばして充実した生き方を追求すること。	46～47
	4 希望と勇気, 克己と強い意志	より高い目標を設定し, その達成を目指し, 希望と勇気をもち, 困難や失敗を乗り越えて着実にやり遂げること。	48～49
	5 真理の探究, 創造	真実を大切にし, 真理を探究して新しいものを生み出そうと努めること。	50～51
B 主として人との関わりに関すること	6 思いやり, 感謝	思いやりの心をもって人と接するとともに, 家族などの支えや多くの人々の善意により日々の生活や現在の自分があることに感謝し, 進んでそれに応え, 人間愛の精神を深めること。	52～53
	7 礼儀	礼儀の意義を理解し, 時と場に応じた適切な言動をとること。	54～55
	8 友情, 信頼	友情の尊さを理解して心から信頼できる友達をもち, 互いに励まし合い, 高め合うとともに, 異性についての理解を深め, 悩みや葛藤も経験しながら人間関係を深めていくこと。	56～57
	9 相互理解, 寛容	自分の考えや意見を相手に伝えるとともに, それぞれの個性や立場を尊重し, いろいろなものの見方や考え方があることを理解し, 寛容の心をもって謙虚に他に学び, 自らを高めていくこと。	58～59
C 主として集団や社会との関わりに関すること	10 遵法精神, 公徳心	法やきまりの意義を理解し, それらを進んで守るとともに, そのよりよい在り方について考え, 自他の権利を大切にし, 義務を果たして, 規律ある安定した社会の実現に努めること。	60～61
	11 公正, 公平, 社会正義	正義と公正さを重んじ, 誰に対しても公平に接し, 差別や偏見のない社会の実現に努めること。	62～63
	12 社会参画, 公共の精神	社会参画の意識と社会連帯の自覚を高め, 公共の精神をもってよりよい社会の実現に努めること。	64～65
	13 勤労	勤労の尊さや意義を理解し, 将来の生き方について考えを深め, 勤労を通じて社会に貢献すること。	66～67
	14 家族愛, 家庭生活の充実	父母, 祖父母を敬愛し, 家族の一員としての自覚をもって充実した家庭生活を築くこと。	68～69
	15 よりよい学校生活, 集団生活の充実	教師や学校の人々を敬愛し, 学級や学校の一員としての自覚をもち, 協力し合ってよりよい校風をつくるとともに, 様々な集団の意義や集団の中での自分の役割と責任を自覚して集団生活の充実に努めること。	70～71
	16 郷土の伝統と文化の尊重, 郷土を愛する態度	郷土の伝統と文化を大切にし, 社会に尽くした先人や高齢者に尊敬の念を深め, 地域社会の一員としての自覚をもって郷土を愛し, 進んで郷土の発展に努めること。	72～73
	17 我が国の伝統と文化の尊重, 国を愛する態度	優れた伝統の継承と新しい文化の創造に貢献するとともに, 日本人としての自覚をもって国を愛し, 国家及び社会の形成者として, その発展に努めること。	74～75
	18 国際理解, 国際貢献	世界の中の日本人としての自覚をもち, 他国を尊重し, 国際的視野に立って, 世界の平和と人類の発展に寄与すること。	76～77
D 主として生命や自然, 崇高なものとの関わりに関すること	19 生命の尊さ	生命の尊さについて, その連続性や有限性なども含めて理解し, かけがえのない生命を尊重すること。	78～79
	20 自然愛護	自然の崇高さを知り, 自然環境を大切にすることの意義を理解し, 進んで自然の愛護に努めること。	80～81
	21 感動, 畏敬の念	美しいものや気高いものに感動する心をもち, 人間の力を超えたものに対する畏敬の念を深めること。	82～83
	22 よりよく生きる喜び	人間には自らの弱さや醜さを克服する強さや気高く生きようとする心があることを理解し, 人間として生きることに喜びを見いだすこと。	84～85

第３章
所見*文例集*

本章は，所見の記入文例集です。内容項目別に生徒のよさや成長したところを整理し，生徒の成長度に合わせて◎○☆で書き分けています。
さらに，定番教材，総合所見の文例も掲載しています。
生徒たちの姿を思い浮かべながらアレンジしてください。

評価する際の視点として，所見文例の末尾に，次の３つのマークをつけました。

自 … 自己を見つめる
多 … 物事を広い視野から多面的・多角的に考える
深 … 深い学び・人間としての生き方

第3章 所見文例集の構成と見方

❶ 内容項目別所見文例（42〜85ページ）

通知表の場合は，生徒・保護者にわかりやすく伝えるため，大くくりなまとまりで評価しながらも，一つの授業の場面に焦点化して伝えることが多いです。そのため内容項目別に文例集を提示します。

内容項目から評価のキーワードをあげます。そのキーワードごとに所見文例を４つ例示しています。成長度に合わせて◎○☆で書き分けています。（☆は，学習状況を見て，あと一歩の生徒に課題を与える表現にしています。）

文末には学習活動における評価の視点を 自 多 深 で示しています。

評価文例は，『解説』で求められた学びの姿をもとにして作成しました。このような評価ができるような授業づくりをすることが大切です。

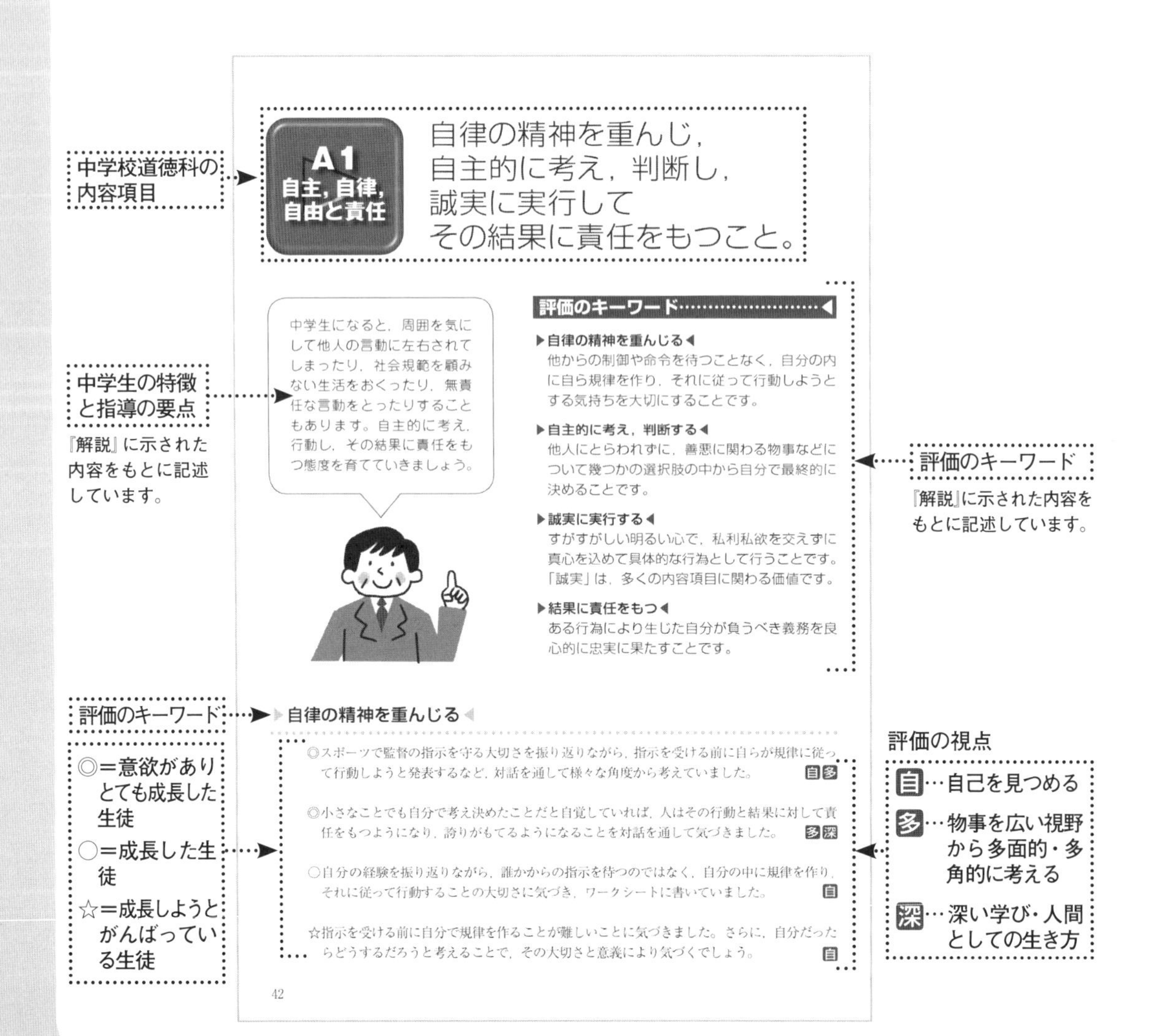

A1 自主，自律，自由と責任

自律の精神を重んじ，自主的に考え，判断し，誠実に実行してその結果に責任をもつこと。

中学生になると，周囲を気にして他人の言動に左右されてしまったり，社会規範を顧みない生活をおくったり，無責任な言動をとったりすることもあります。自主的に考え，行動し，その結果に責任をもつ態度を育てていきましょう。

評価のキーワード

▶自律の精神を重んじる◀
他からの制御や命令を待つことなく，自分の内に自ら規律を作り，それに従って行動しようとする気持ちを大切にすることです。

▶自主的に考え，判断する◀
他人にとらわれずに，善悪に関わる物事などについて幾つかの選択肢の中から自分で最終的に決めることです。

▶誠実に実行する◀
すがすがしい明るい心で，私利私欲を交えずに真心を込めて具体的な行為として行うことです。「誠実」は，多くの内容項目に関わる価値です。

▶結果に責任をもつ◀
ある行為により生じた自分が負うべき義務を良心的に忠実に果たすことです。

▶自律の精神を重んじる◀

◎スポーツで監督の指示を守る大切さを振り返りながら，指示を受ける前に自らが規律に従って行動しようと発表するなど，対話を通して様々な角度から考えていました。 自 多

◎小さなことでも自分で考え決めたことだと自覚していれば，人はその行動と結果に対して責任をもつようになり，誇りがもてるようになることを対話を通して気づきました。 多 深

○自分の経験を振り返りながら，誰かからの指示を待つのではなく，自分の中に規律を作り，それに従って行動することの大切さに気づき，ワークシートに書いていました。 自

☆指示を受ける前に自分で規律を作ることが難しいことに気づきました。さらに，自分だったらどうするだろうと考えることで，その大切さと意義により気づくでしょう。 自

42

❷ 定番教材 所見文例（86〜88ページ）

今まで，道徳授業の教材として多数取り上げられ，実践されてきた定番教材。その授業に即した所見文例です。６つの定番教材について所見文例をそれぞれ４つ例示しています。

❸ 総合所見・指導要録の所見（89〜92ページ）

総合所見文例を内容項目ごとに例示しています。92ページには，指導要録に記入する文例を作成するフローチャートを示しています。

自律の精神を重んじ，自主的に考え，判断し，誠実に実行してその結果に責任をもつこと。

中学生になると，周囲を気にして他人の言動に左右されてしまったり，社会規範を顧みない生活をおくったり，無責任な言動をとったりすることもあります。自主的に考え，行動し，その結果に責任をもつ態度を育てていきましょう。

評価のキーワード

▶自律の精神を重んじる◀
他からの制御や命令を待つことなく，自分の内に自ら規律を作り，それに従って行動しようとする気持ちを大切にすることです。

▶自主的に考え，判断する◀
他人にとらわれずに，善悪に関わる物事などについて幾つかの選択肢の中から自分で最終的に決めることです。

▶誠実に実行する◀
すがすがしい明るい心で，私利私欲を交えずに真心を込めて具体的な行為として行うことです。「誠実」は，多くの内容項目に関わる価値です。

▶結果に責任をもつ◀
ある行為により生じた自分が負うべき義務を良心的に忠実に果たすことです。

▶自律の精神を重んじる◀

◎スポーツで監督の指示を守る大切さを振り返りながら，指示を受ける前に自ら規律に従って行動しようと発表するなど，対話を通して様々な角度から考えていました。 自 多

◎小さなことでも自分で考え決めたことだと自覚していれば，人はその行動と結果に対して責任をもつようになり，誇りがもてるようになることを対話を通して気づきました。 多 深

○自分の経験を振り返りながら，誰かからの指示を待つのではなく，自分の中に規律を作り，それに従って行動することの大切さに気づき，ワークシートに書いていました。 自

☆指示を受ける前に自分で規律を作ることが難しいことに気づきました。さらに，自分だったらどうするだろうと考えることで，その大切さと意義により気づくでしょう。 自

自主的に考え，判断する

◎弱い心に負けず行動することは自分にとっても他者にとってもよい行為であることや，善悪は様々な角度から判断することが大切だと，話し合いの中で気づきました。 多深

◎悪を悪として捉え，負けそうになる弱い心を自分で抑え，よい行為をしようとする心の大切さを友達との対話の中から気づき，自分を見つめ幅広い視野をもつことができました。 自

○良心に基づく行為は自分にとっても他者にとってもよい行為であることに気づき，善悪の判断の基準を身につけることの重要性について考え話し合っていました。 自

☆良心に基づくよい行為とは，他者にとってよい行為であることに気づきました。さらに，自分だったらどうするだろうと考えることで，実践意欲を高めることができます。 自

誠実に実行する

◎自由と自分勝手の違いについて経験をもとに発言し，自らを律し，自分や社会に対して常に誠実であることの大切さに対話の中で気づき，自分を見つめることができました。 自深

◎学級全体で議論する中で，自分を大切にしたい気持ちを認めつつ，自分の希望を抑えてでも誠実に行動する人間の尊さに気づき，全体の前で発表しました。 自多

○自分の希望を抑えてでも誠実に行動する人間の尊さに気づくとともに，さらにその行為の難しさについて自分を振り返り，ワークシートに書いていました。 自

☆誠実に行動する尊さに気づきました。話し合いの中で自分と他の人の意見を比べて似ているところや違うところを考えることで，自由の意味をさらに深く考えられるでしょう。 多深

結果に責任をもつ

◎自分の意志による行為と結果に責任をもつことが人間としての誇りにつながることについて，自分を深く見つめ，経験をもとに気づいたことを授業で発表しました。 自深

◎自分がよいと思って行動したときの気持ちだけではなく，その行動がどのような結果に結びつくのか考えることの重要性について，自分の経験をもとに考えを深めていました。 自深

○自分で考え行動した結果について，責任をもつことが大切であることに気づき，自分を振り返りながら授業で発表しました。 自

☆責任ある行動とは何かを考えました。さらに，責任を果たすことの大切さを，話し合いを通して他の人の様々な意見から考えることで，より深く考えられるでしょう。 多

望ましい生活習慣を身に付け，心身の健康の増進を図り，節度を守り節制に心掛け，安全で調和のある生活をすること。

中学生になると，望ましい生活習慣を築こうとする気持ちがあっても，ためらったり軽く考えたりおろそかになりがちです。生活全般にわたり安全に配慮して，心身の調和のある生活を送ることの意義を考えさせましょう。

評価のキーワード

▶望ましい生活習慣を身に付ける◀
心身の健康の増進を図ることができる行為を，日常の生活においてことさら意識せずに繰り返し行えるようになることです。

▶心身の健康の増進を図る◀
食事・睡眠・運動の大切さについて学ぶことです。情報機器の発達により人の欲望や衝動を刺激するものも多く，心身の健康を損なわないよう注意が必要です。

▶節度を守り節制に心掛ける◀
適度な程度としての「節度」を意識し，その節度を超えないように欲望などを抑え，自己を統御する「節制」をするということです。

▶安全で調和のある生活をする◀
交通事故，犯罪や大きな自然災害など，安全や危機管理に十分配慮し，心身の調和のある生活の実現に努めることです。

▶望ましい生活習慣を身に付ける◀

◎自分は望ましい生活習慣を身につけることができていたか，時間を守ることについて様々な点から振り返りながら考え，話し合いをもとに意見を発表していました。 自 多

◎望ましい生活習慣を身につけることは，単に日々の生活だけの問題ではなく，自らの生き方そのものの問題であり，人生をより豊かなものにすることだととらえ全体で発表しました。 深

○日々の生活において望ましい生活習慣を身につけることがとても大切であることを，友達と話し合いながら自覚できました。 自

☆自分を見つめる際に，自分にできていないところを振り返っていました。登場人物の気持ちを自分のこととしてしっかり考えることで，学びがより深くなるでしょう。 自 深

心身の健康の増進を図る

◎班で学び合う中で自分を振り返り，生活全般にわたり安全に配慮して，心身の調和のある生活を送ることの意義について考えていました。 自 多

◎スマートフォンの便利な面や必要性を理解した上で，それでも人の気持ちや人と人との関係を損なう側面があることを捉え，適切な利用の仕方を班で話し合っていました。 深 多

○心身の健康の増進が，充実した人生を送る上で欠くことのできないものであることを，自覚できました。 自

☆「自分はこれからスマートフォンとどうつき合っていくべきか」など，実際の場面を具体的に頭に浮かべながら考えると，学びが自分事としてより深くなります。 自

節度を守り節制に心掛ける

◎節度を守り節制に心掛けることは，日々の生活の問題だけでなく，自らの生き方そのものにも関わることであり，人生をより豊かなものにすることだととらえました。 自 深

◎今の自分にとっての節度はどの程度に設定すべきかをじっくりと考え，班学習の中で節制することの難しさをみんなで認め合いつつ，それに向かうヒントを学び合いました。 自 多

○節度を守り節制に心掛けることは，日々の生活を送る上で大切なことだと理解しました。また，自らの充実した生き方にも関わることだと気づきました。 自

☆節度・節制に心掛けることの難しさに気づきました。それをどのように乗り越えようとしたか，いろいろな考え方を学び合うことで，より学びが深くなるでしょう。 多

安全で調和のある生活をする

◎地震災害の経験について友達と意見を交わしながら，安全や危機管理に十分配慮し心身の調和のある生活の実現に努める大切さを，広い視野から学びました。 自 多

◎安全で調和のある生活の実現に努めることを，日々の生活だけの問題としてではなく，自らの生き方にも関わる問題であるととらえ，人生をより豊かなものにしたいと発表しました。 自 深

○危険を察知して安全に生活することに関してしっかり考え理解し，心も体も健康な調和のとれた生活の実現に努める大切さをワークシートに書いていました。 深

☆安全で調和のある生活をすることの大切さを主人公の心情から読み取りました。自分にも起こり得る問題ととらえることで，さらに深い学びに結びつくでしょう。 自

自己を見つめ，自己の向上を図るとともに，個性を伸ばして充実した生き方を追求すること。

他者と比較して劣等感に悩んだり，他者と異なることへの不安から個性を伸ばそうとすることに消極的になったりすることもあります。自分を肯定的に捉えさせ，自分の優れている面を発見させましょう。教師はそれぞれの生徒のよさの発見に努め，指導に生かしましょう。

評価のキーワード

▶自己を見つめる◀

様々な行為をする主体である自己について深く省みることです。自己を見つめる過程において，一貫した自分の姿や将来像を思い描くことにつながります。

▶自己の向上を図る◀

自己を見つめる中で，向上心が起こります。このとき思い描く向上した自分の姿は，これから努力して徐々に創り上げていくものです。

▶個性を伸ばして充実した生き方を追求する◀

「個性」とは，能力・適性，興味・関心，性格といった様々な特性において捉えられ，一人一人の人間がもつ独自性であり，人格の総体です。この個性を伸ばし，自分らしさを発揮する生き方を追求することです。

▶自己を見つめる◀

◎班学習で友達から褒めてもらった自分の長所について，どのようなことがきっかけで自分はそうできるようになったのか振り返りながら，ワークシートに書いていました。 自 多

◎自分のことをしっかりと省みながら，それをもとに自分の将来像を思い描いて，人としてどのように生きることがより充実した人生につながるのかと考えていました。 深

○班学習の中で友達と話し合いながら，自分の長所や短所について分析し，ワークシートに書いていました。 多

☆自分の短所についてよく分析していました。班学習で出された自分らしさについても考えることで，さらに自分を見つめることができ，学びがより深くなるでしょう。 深

自己の向上を図る

◎自分を向上させていくには今の自分をしっかり把握することが大切だということを，班学習で友達の発言から学び，自分の成長に生かしていきたいという気持ちを伝えていました。 自 多

◎これまで気づかなかった自分自身のよさや個性を見いだして，伸ばしていきたいとワークシートに書いていました。さらに，友達の向上した点を自分に照らし合わせていました。 多 深

○自分を向上させていく前に，今の自分をしっかり把握することが大切だということをワークシートに書いていました。 自

☆自分をますます向上させていきたいという実践意欲を高めていました。さらに，自分の今の姿はどうなのだろうと分析的に考えることで，学びがより深くなるでしょう。 自

個性を伸ばして充実した生き方を追求する

◎学級全体の学び合いの中で，短所も自分の特徴の一側面であることに気づくとともに，自分のよさを見つける活動を通して，自分を肯定的に見つめることの大切さを学びました。自 多

◎自分の個性を見つめ，それを生かすことで自分自身が納得できる充実した人生を生きていきたいと，ワークシートに書いていました。 自 深

○他者と取り換えることのできない自分の独自性を見つめ，その個性を生かしていこうという意欲をワークシートに書いていました。 自 深

☆自分の個性をしっかり見つめていました。友達から認められた長所を自分の個性として大切にしていこうと考えることで，さらに深い学びにつながるでしょう。 多

より高い目標を設定し，その達成を目指し，希望と勇気をもち，困難や失敗を乗り越えて着実にやり遂げること。

挫折や失敗を悪いことととらえ，弱みを見せないように回避しようと安易な選択をしてしまうことがあります。目標の達成には何が必要か考えさせることが大切です。また，困難や失敗を乗り越える方法も考えさせましょう。

評価のキーワード

▶より高い目標を設定し，その達成を目指す◀

「より高い目標」とは，自分の現状に甘んじず現実をよりよくしようとする気持ちから設定するものです。現実の中で考えられるもので夢とは違うものです。

▶希望と勇気をもつ◀

「希望」とは，自分で思い描いたあるべき姿，よりよい状態の実現を願う気持ちであり，「勇気」とは，不安や恐れを抱いて躊躇する気持ちに屈せずに，自分が正しいと思うことをやり遂げようとする積極的な気力です。

▶困難や失敗を乗り越えて着実にやり遂げる◀

物事を着実にやり遂げるには，強い意志を持ち，自分自身の弱さに打ち勝ち，一つの目標に向けて計画的に実行していくことが必要です。

▶より高い目標を設定し，その達成を目指す◀

◎班学習の中で，目標をもち困難や失敗を乗り越えて挑戦し続けることは，文化や社会の発展を支える力となってきたことに気づいて発表し，学びをより深いものにしました。 多 深

◎目標を達成することが，自分の可能性をさらに伸ばすこと，次の目標に向かって努力する意欲を引き出すことにつながるなど，多様な考え方ができることを理解しました。 自 深

○今までの自分や自分の行動を振り返り，自分が決めた目標を着実にやり遂げるためには計画的に実行していくことが必要であることをワークシートに書いていました。 自

☆今までの自分や自分の行動を振り返ることができました。目標を設定したあとどう具体的に取り組むかを，悩みながら考えはじめています。 自

希望と勇気をもつ

◎目標が達成されたときどのような希望が生まれるのか，一方でどのような不安があるのかを様々な面から考えつつ，勇気をもってやり遂げようとする気持ちを書いていました。 多 深

◎班学習で様々な意見を聞く中で，よりよく生きるには目標や希望をもつことが大切であり，目標には日常的な努力によって達成できるものもあることに気づきました。 多 深

○自分が決めた目標や希望に向かって不安や恐れに負けず，自分が正しいと思うことをやり遂げようとする意欲をワークシートに記述していました。 深

☆登場人物の心情に立ち，目標や希望に向かって不安や恐れに負けてはならないという考えをもちました。さらに，自分だったらできるだろうかと問い直すことで理解が深まるでしょう。 自

困難や失敗を乗り越えて着実にやり遂げる

◎友達の話を聞く中で，目標の実現には困難や失敗を伴う場合もあることに気づきました。こうした経験の積み重ねで，目標を達成しようとする強い意志が養われたことを振り返っていました。 自 多

◎目標に向かって努力し続けるには，困難や失敗を受け止めて希望と勇気を失わない前向きな姿勢や，失敗にとらわれない柔軟な思考が求められることに，班学習の中で気づきました。 多 深

○困難や失敗にぶつかった時はその原因を省みて，次に同じ状況におかれた際，その苦しさを乗り越え最後までやり遂げたいという意志をワークシートに書いていました。 自

☆日常生活の中の小さな目標が達成されたときの満足感を振り返っていました。次の新たな目標に向けて挑戦しようと具体的に考えることで，より深い学びになります。 深

真実を大切にし，真理を探究して新しいものを生み出そうと努めること。

学年が上がるに従い，成果が出ないことで努力を諦めてしまったり，性急に結論を求めるあまり一面的な見方になったりしがちです。わからないことを探究し続け，工夫して新しいものを創造していこうとする態度を育てましょう。

評価のキーワード

▶真実を大切にする◀

人間としての生き方を求め，自己の人生を切り拓いていくためには，物事の真の意味を知ることが求められます。「真実」とは，うそや偽りのない本当の姿のことです。

▶真理を探究する◀

「真理」とは，全ての人が認める普遍的で妥当性のある法則や事実，正しい在り方などのことです。

▶新しいものを生み出そうと努める◀

創造とは，新しいものを生み出そうとすることです。独自の考えに基づいて物事を創り出そうという強い意志が必要です。

▶真実を大切にする◀

◎真実や真理を探究して，科学技術に貢献した人々の生き方を学びました。その人々の探究心を支えたものについて考え，自分も生かしていこうという意欲を発表しました。 自 多

◎自分の学習体験を振り返り，新しいものを創造していこうとする姿勢は自分の生き方を豊かにすることに気づいたと，ワークシートに書いていました。 自 深

○真実を大切にするには，広い視野に立って様々な見方をしようとする開かれた心や，結論をうのみにせずに論理的・批判的に考える姿勢が必要であることに気づきました。 多

☆真実とは嘘のない本当の姿であることを理解しました。さらに，広い視野に立って見ることの必要性についても考えるようにすると，理解がより深くなります。 多

真理を探究する

◎班学習の友達の発表から，人は先入観にとらわれる場合があることに気づきました。真の姿に気づかずに過ごしている場合が自分にもあると感想に書いていました。 自 多

◎真理や事実を追い求め，理想の実現をめざす主人公の姿に共感したことを，自分の生き方の理想を考えながらワークシートに書き，全体で発表しました。 自 深

○教材から，人々が真実や真理を求め続ける努力が新たな発見や創造につながり，社会の進歩や発展を支えてきたことを理解し，ワークシートに書いていました。 深

☆教材の主人公の心情を読み取り，偏った狭い考え方にとらわれてはいけないことに気づきました。さらに，うそや偽りのない本当の姿の大切さも考えると，学びはより深くなります。 深

新しいものを生み出そうと努める

◎新しさの意味は複数あったり生み出し方がいくつかあったりすると知り，新しいものを生み出すには，粘り強く考え続けることが大切であると発表し，学びをより深くしました。 多 深

◎自分の経験を振り返りながら，工夫することが新しい気づきを生み出していくとワークシートに書いていました。自分の中でこうした探究心を大切にしていきたいと発表しました。 自 深

○創造するにはただまねをするだけではなく，その人の信念や独自の考えに基づいて創り出そうという強い気持ちがなければできないことに気づき，ワークシートに書いていました。 深

☆柔軟な考えをもち，新しいものを創造することの魅力を感じていました。さらに，自分の得意なことを定めてやり遂げる気持ちをもつ大切さにも目を向けると，より深い学びになります。 自

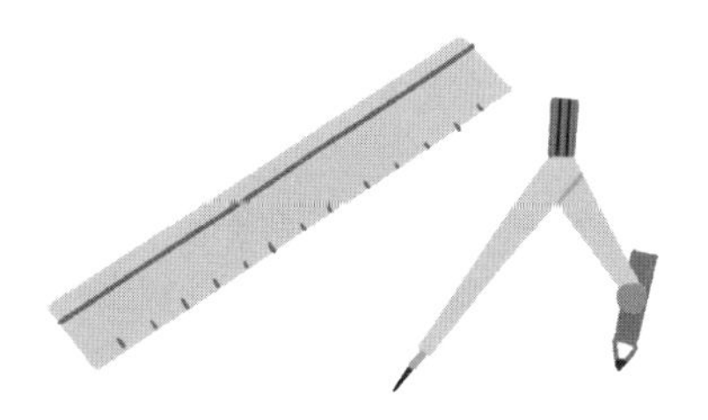

思いやりの心をもって人と接するとともに，家族などの支えや多くの人々の善意により日々の生活や現在の自分があることに感謝し，進んでそれに応え，人間愛の精神を深めること。

学年が上がるにつれて，利己的，自己中心的になりやすく，ともすると他を省みない行動や態度をとる場合があります。思いやりや感謝の気持ちを言葉にして素直に伝えようとする心と態度を育てていきましょう。

評価のキーワード

▶思いやりの心◀

「思いやりの心」は，自分が他者に能動的に接するときに必要な心の在り方です。他者の立場を尊重しながら，親切にし，いたわり，励ますことです。

▶感謝する◀

「感謝」の心は，主として他者から受けた思いやりに対する人間としての心の在り方です。互いに助け合い，協力し合って生きるという関係を根底で支えています。

▶人間愛の精神を深める◀

「人間愛の精神」は，互いの存在を，強さも弱さももち合わせた生身の人間として，肯定的に受け止めようとする思いが普遍化されたものです。

▶思いやりの心◀

◎登場人物の心情に自分の思いを重ねて考え，思いやりの根底に相手への深い理解と共感があることがわかりました。また，思いやりの心は，単なるあわれみではないと気づき発表しました。 自 多

◎思いやりとは，相手の立場を尊重しながら親切にし，いたわり，励ますことと気づきました。また，黙って温かく見守る思いやりもあることを，自分の経験を振り返りながら発表しました。 自 深

○友達と接するときに，相手の立場に立って親切にし，いたわることの良さに気づきました。自分がされて嫌なことを相手にしないという判断が大切であるという感想が見られました。 自

☆思いやりの授業では，相手の立場を考えて親切にすることの大切さに気づきました。状況に応じて様々な立場の思いやりの形があることを知ることで，考えが広がるでしょう。 多

感謝する

◎感謝の心は，他者との関わりに始まり，社会の多くの人々への感謝，さらには自然の恵みへの感謝へと次第に広がっていくことなど，様々な視点との関連に気づいていました。 多 深

◎仲間の思いやりに触れ，それを素直に受け止め有り難いと感じた経験から，自分が多くの人々の善意によって支えられていることに気づき，自分も誰かを支えたいと発表しました。 自 深

○人間は互いに助け合い協力し合って生きていること，その人間同士の関係を根底で支えているのは感謝の心であることに気づき，人との関わりの大切さを発表しました。 深

☆登場人物の気持ちを読み取り，思いやりの大切さに気づきました。さらに，自分も他者も，共にかけがえのない存在であるということについて考えていくと，より深い学びになります。 自

人間愛の精神を深める

◎思いやりが重荷にならないようにという配慮をした経験を振り返りながら，互いに認め合い支え合って，人間として生きることに喜びを見いだしていくことの大切さを発表しました。 自 深

◎相手に対して，どうすれば思いやりや感謝の気持ちを素直に伝えることができるか振り返り，言葉で伝えることで互いの心の絆がより強くなることに気づきました。 自 深

○友達との話し合いの中で，互いを思いやる気持ちと，それを伝え合うことの大切さに気づきました。素直に伝えることは苦手だが，できることから始めたいという発言が見られました。 多

☆今の自分は家族や多くの人に支えられていることに気づき，感謝の思いを発表していました。自分は相手に対して何ができるかを考えていくと，より実践的な学びになります。 自

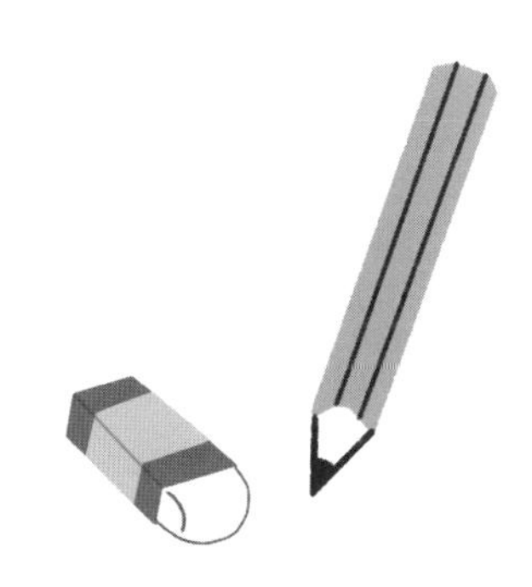

礼儀の意義を理解し，時と場に応じた適切な言動をとること。

従来の慣例や形式に反発する傾向が強くなったり，照れる気持ちによって望ましい行動がとれなくなったりすることがでてきます。日常生活において適切な言動を体験的に学ぶとともに，礼儀の意義を深く理解させていきましょう。

評価のキーワード

▶礼儀の基本や意義を理解◀

礼儀は，他者に対するものであり，身につけておくべき外に表す形として考えられるものです。具体的には言葉遣い，態度や動作として表現されます。

▶礼儀は文化の一面であると捉える◀

礼儀は，人間関係や社会生活を円滑にするために守るべき行動様式であり，長い間に培われ創り出された優れた文化です。

▶時と場に応じた適切な言動をとる◀

時と場に応じた適切な言動をとることで，自分と他者との間に認められてきたその社会固有のほどよい距離を保つことができます。礼儀にかなった適切な言動がお互いを結び合わせることになります。

▶礼儀の基本や意義を理解◀

◎礼儀の基本は，相手の人がらや考え方を受け入れ，相手への尊敬や感謝などの気持ちを具体的に示すことであると班学習の中で説明し，全体で発表しました。 多 深

◎礼儀正しい言動が友達を結びつけた経験を振り返りました。形でなく相手を大切にする心がなければ礼儀は成り立たないという意見に賛同するなど，多様な意見に学んでいました。 自 多

○礼儀の形を習慣として無意識に実践するだけでなく，あいさつの意義などを考え始めるようになったことをワークシートに書いていました。 深

☆あいさつを習慣として行うようにしていることをワークシートに書いていました。さらに，あいさつをするだけでなく，その意義についても考えていくと学びも深まります。 深

礼儀は文化の一面であると捉える

◎自分の生活を振り返り，人との付き合いや日常生活を円滑にしていくために必要な礼儀作法を優れた文化として大切にしていきたいという意見を，話し合いで述べていました。 自 深

◎国際化の進展により他国の人々に接する機会が増える中，他国の礼儀や作法にも理解を深め，気持ちよく接していきたいと意見を発表していました。 多 深

○礼儀は文化によって異なるため，合理的に説明しづらい場合もあるものの，長い歴史を通して培われ伝えられ，大切にされてきたものであることに気づくことができました。 深

☆礼儀作法は時代や社会によって変化しても，その精神は受け継がれることに興味を感じていました。さらに，自分自身がどのような態度をとっていけばよいか考えるとよいでしょう。 自

時と場に応じた適切な言動をとる

◎自分の経験を振り返る中で，時・場所・場面（TPO）に応じたあいさつを自らするなど，適切な言葉や行動ができる自律した態度を身につけていきたいと発表しました。 自 多

◎時と場に応じた適切な言動を自ら行うことが求められた経験を振り返り，礼儀は，相手を人として大切にする心を行動に表したものであることに気づきました。 自 多

○自分の行動を振り返り，時と場に応じた適切な言動をとることができていたかどうか考えていました。礼儀をわきまえることの重要性に気づきました。 深

☆体験的な学習で，時と場に応じた適切な言動とは何かを話し合っていました。さらに礼儀の意義を深く学んでいけば理解も深まり，よりよい言動をとろうとする意欲につながります。 深

友情の尊さを理解して心から信頼できる友達をもち，互いに励まし合い，高め合うとともに，異性についての理解を深め，悩みや葛藤も経験しながら人間関係を深めていくこと。

心を許し合える友達を求めるようになる一方，無批判に同調したり，最初から一定の距離をとった関係しかもたない場合も出てきます。互いを尊敬し高め合い，友情をより深めようとする意欲や態度を育てましょう。

評価のキーワード

▶友情，信頼◀
真の友情は，相互に変わらない信頼があって成り立つもので，敬愛の念がその根底にあります。友達を信頼するとは，相手を疑う余地がなく，いざという時に頼ることができると信じることです。

▶互いに励まし合い，高め合う◀
真の友情は，相手の人間的な成長と幸せを願い，互いに励まし合い，高め合い，協力を惜しまない平等で対等な関係です。

▶異性についての理解◀
同性，異性に変わりないのですが，互いに相手のよさを認め合うということです。

▶人間関係を深める◀
人間として互いの人格を尊敬し高め合い，悩みや葛藤を克服することにより一層深い友情を構築していくことです。

▶友情，信頼◀

◎班学習で友達のいろいろな意見を取り入れながら，友情を築いていくための共通の課題について考えを深め合い，自分の考えをワークシートに書いていました。 自 多

◎友情を大切にして育てようとすることや，信頼を基盤として成り立つ友情がいかに尊いものであるかを，登場人物の心情に自分を重ね合わせながら実感していました。 自 深

○友達との話し合いの中で，友情とは互いを尊重し認め合い，理解し合うことによって，より豊かな人間関係を築いていくことであると気づいていました。 多

☆友人に対してその人がらに親しみを感じていることを振り返っていました。さらに互いに認め合い，敬愛する気持ちをもち続けることの大切さに目を向けると，より深い学びになります。 深

互いに励まし合い，高め合う

◎教材に自分の経験を重ね合わせながら，相手の内面的なよさに目を向けるとともに，相手の成長を心から願って互いに励まし合い，忠告し合える信頼関係のよさを理解していました。自 深

◎班学習の中で，友達との友情をより一層大切にするために，友情とは何か，自分はどうあればよいかなどの意見を交換し合い，様々な考え方を学んでいました。多 深

○真の友情は，分かち合い，高め合い，支え合うことが大切であることを，友達の意見を聞いて理解し，その中で特に何を大切にしたいかワークシートに書いていました。多

☆友達と互いに高め合うためには，何でも言い合えることが大切だということに気づき，発表しました。相手への敬愛の念をもつことの大切さについても学びを深めています。深

異性についての理解

◎異性の場合も互いの理解を深め，信頼と敬愛の念を育み，互いを向上させるような関係を築いていかなければならないことを理解しました。自 多

◎異性に対しても同性と同様に，相手のことを理解して，共に成長しようとする姿勢が大切であることに気づき，異性に対する姿勢を見直すきっかけになったとワークシートに書いていました。自 深

○話し合いの中で，異性間における相互の在り方は，基本的に同性間におけるものとなんら変わるところがないことを発表していました。深

☆異性について相手を思いやる大切さに気づきました。さらに男子，女子ではなく，一人一人の人格として相手を尊重していくことについても考えていくと，より学びが深まります。深

人間関係を深める

◎自分の感情の起伏から行き違いが生じ，友達関係が気まずくなったことを振り返りながら，今後は悩みや葛藤を乗り越えることで真の友情を培かっていきたいという意欲を発表しました。自

◎友人関係の悩みや葛藤を経験し，それを共に乗り越えることで，尊敬と信頼に支えられた友情を築いていく勇気を友達の発表から得たとワークシートに書いていました。多 深

○真の友情は互いの信頼を基盤とし，時にはぶつかり合ったり対立したりする中で育まれるものであり，互いに何でも言い合える関係作りが大切であることを理解しました。深

☆友情によって喜びは何倍にもなり，悲しみや苦しみは分かち合えるという格言に興味深く学びました。さらに，そのために自分はどうあるべきかを振り返ると，学びはより深くなるでしょう。自

自分の考えや意見を相手に伝えるとともに，それぞれの個性や立場を尊重し，いろいろなものの見方や考え方があることを理解し，寛容の心をもって謙虚に他に学び，自らを高めていくこと。

自分の考えに固執したり，他者との違いを恐れたり，摩擦が生じたりして悩むことがあります。互いの個性や立場を尊重し，広い視野に立っていろいろなものの見方や考え方があることを理解しようとする態度を育てていきましょう。

評価のキーワード

▶自分の考えや意見を相手に伝える◀

人間相互の理解は，自分の考えや意見を発信することが一つの鍵になります。それを正確に伝えることで人間関係は築かれ，相互理解を深めます。

▶個性や立場を尊重する◀

人には，それぞれ自分のものの見方や考え方があり，それが個性です。互いが相手の独自性を認め，考え方や立場を尊重することが大切です。

▶ものの見方や考え方◀

互いが相手の存在の独自性を認めて相手を尊重していくためにも，いろいろなものの見方や考え方があることを理解することが大切です。

▶寛容の心をもって謙虚に他に学び，自らを高める◀

他者の助言や忠告に謙虚に耳を傾ける等，謙虚さをもって他に学び，自己を高めることが求められます。

▶自分の考えや意見を相手に伝える◀

◎班の協働学習の中で，自らの意志に背いて他の意見に同調するのではなく，自分の考えや意見を伝えることが大切であると発言し，ワークシートにまとめていました。 多 深

◎自分の考えや意見を他者に伝えることができなかった経験を振り返り，いじめや不正を見逃さず指摘していきたいという意欲を，ワークシートに書いていました。 自 深

○よりよい人間関係を築くためには，時には毅然とした言葉や態度も必要であることをワークシートに書き，全体で発表しました。 深

☆人間関係が悪くなるのではないかと心配して，自分からあまり発信していなかったことに気づきました。相手に伝えることで人間関係は築かれていくことも理解し始めています。 自

個性や立場を尊重する

◎人が相互に個性や立場を尊重することが，自分の人生にとってどのような価値をもつのか，様々な角度から深く考えていました。　多深

◎他者の考えや立場を尊重しながら生活していかなければならないことは認めつつ，一方で，寛容に生きていくための処世術のように理解していなかったか振り返っていました。　自深

○人間は相互に個性や立場を尊重し，調和して生活していかなければならないことをワークシートに書いていました。　多

☆人にはそれぞれ自分のものの見方や考え方があることを理解していました。さらにそのよいところや気をつけなければならないことなど，見直してみるとより深い学びになります。　多深

ものの見方や考え方

◎いろいろなものの見方や考え方を尊重することについて自分の経験を振り返って考え，他者と共に生きるという気持ちで判断し行動することの大切さを理解していました。　自深

◎一人一人が違うものの見方や考え方を受け入れる大切さを他の生徒の発表から学び，相手を認め，考えを尊重する態度が自分に育っているか振り返っていました。　自多

○いじめに関する教材を学ぶ中で，いろいろなものの見方や考え方の大切さや，他者と共に生きるという自制の大切さを理解していました。　多

☆いろいろなものの見方や考え方があることをに気づきました。そのことが相手を認め，相手の考えを尊重することにつながることを理解しつつあります。　多

寛容の心をもって謙虚に他に学び，自らを高める

◎他者から謙虚に学ぶことで，自分の成長が促されること，個性は他者に認められながら伸びるものでもあることなど，班学習の中でいろいろな意見を学んでいました。　多深

◎誰もが個性を発揮することのよさとともに，相手や場面が変わっても寛容の心をもち謙虚に学ぶことが自分の成長に役立つことを，学び合いの中で理解していました。　多深

○寛容の心をもてば，人を許し受け入れて他者のよい面を積極的に認めることができるようになることを理解しました。　深

☆教材の主人公の心情を読み取ることから，自分のものの見方や考え方だけにとらわれてはいけないと気づきました。さらに他者の立場や考え方にも学んでいくと，より自分を高めていけるでしょう。　多

法やきまりの意義を理解し，それらを進んで守るとともに，そのよりよい在り方について考え，自他の権利を大切にし，義務を果たして，規律ある安定した社会の実現に努めること。

法やきまりに反発したりする傾向が見られることがあります。法やきまりが自分たちを守るだけでなく，自分たちの社会を安定的にしていることを考えさせ，よりよいものに変えようとするなど積極的に法やきまりに関わろうとする意欲や態度を育てましょう。

評価のキーワード

▶法やきまりの意義◀
「法やきまり」は，社会集団に秩序を与え，摩擦を最小限にするために人間の知恵が生み出したものです。

▶法やきまりのよりよい在り方◀
法やきまりについては，その遵守とともに，一人一人が当事者として関心をもつことが大切であり，適正な手続を経てこれらを変えることも含め，その在り方について考えることが必要です。

▶自他の権利◀
他人の権利を尊重し，自分の権利を正しく主張するとは，互いの権利の主張が調和し両立できる社会の実現につながります。

▶義務を果たす◀
自らに課せられた義務を果たすことが，結果として規律ある安定した社会の実現に貢献することになります。

▶法やきまりの意義◀

◎法やきまりを守ることが住みよい社会の実現につながること，個人の自由が保障されることなど，その意義についてたくさんのことを考えて発表しました。 多深

◎自分の経験を振り返りながら，法やきまりを「きまりだから守る」から「尊重したいから守る」という自律的な捉え方へと考え方が変わったことをワークシートに書いていました。 自深

○人間が集まって社会が形成されると，互いの利益がぶつかり合って集団としてのまとまりがなくなるため，法やきまりが必要になることを班学習の中で発表していました。 深

☆きまりを守らなければならないという気持ちをワークシートに書いていました。さらに，法やきまりを守ることの意義についても，積極的に考えていくとより深い学びになります。 深

法やきまりのよりよい在り方

◎法やきまりがある理由やその意義について，学校の生徒議会の手続きを事例に考えて発表し，自分の経験を振り返って法やきまりの重要性をワークシートに書いていました。 自 深

◎法やきまりが社会を安定的なものにしていることと，さらにそれらをよりよいものに変えていくことの大切さに気づいたことを，班の話し合いで発表していました。 多 深

○法やきまりに対して何も考えずに従ったり，仕方なく従うのではなく，その意味や意義を十分に理解した上で従うことが大切であることを振り返り，ワークシートに書いていました。 自

☆法やきまりは絶対的なものでないことに気づいていました。適正な手続きを経ればこれらを変えることができるなど，その在り方について考えるとより深い学びになります。 深

自他の権利

◎自分や他者の権利を大切にし，義務を果たすことで，互いの自由が尊重され，規律ある安定した社会が実現することを，班の話し合いの中でみんなに訴えていました。 多 深

◎権利と義務の関係について，例えば法的に強制力のない義務を果たすことが理性的な人間としての生き方につながるなど，班学習での友達の意見も取り入れて発表しました。 多 深

○法やきまりは，自分や他者の生活や権利を守るためにあり，それを遵守することが大切であることを班で話し合っていたとき，しっかりと耳を傾けうなずいていました。 多

☆法やきまりは自分自身の権利を守るためにあることをワークシートに書いていました。同時に自分が果たすべき義務もあることも考えていくと，より深い学びになります。 深

義務を果たす

◎国際的な関係においても法やきまりの遵守が求められていることを挙げ，国際理解や国際貢献にも通じる幅広い視野からの法やきまりを守る意義について意見を発表していました。 多 深

◎自分たちが社会の構成員の一人であることの意識をもちながら，「私」を大切にする心と「公」を大切にする心の関係について考えを深めていました。 自 深

○法やきまりを守ることで課せられた義務を果たし，結果として規律ある安定した社会が実現していくことに気づき，発表していました。 深

☆きまりを守ることで学級が安定するとワークシートに書いていました。さらに範囲を広げて，法やきまりを守る社会について考えると，深い学びにつながります。 深

正義と公正さを重んじ，誰に対しても公平に接し，差別や偏見のない社会の実現に努めること。

いじめなど不公正があっても，多数の意見に同調したり傍観したりするだけで制止できないこともあります。「避けて通る」という消極的な立場ではなく，不正を憎み，不正な言動を断固として否定するような，たくましい態度が育つように指導していきましょう。

評価のキーワード

▶正義と公正さを重んじる◀

「正義を重んじる」ということは，正しいと信じることを自ら積極的に実践できるように努めることです。「公正さを重んじる」ということは，私心にとらわれて事実をゆがめることを避けるように努めることです。

▶誰に対しても公平に接する◀

公正とは，分配や手続の上で公平で偏りがなく，明白で正しいことです。自分と同様に他者も尊重し，誰に対しても分け隔てなく公平に接し続けようとすることが重要です。

▶差別や偏見のない社会の実現◀

人は他者との関わりにおいて生きるものであり，よりよく生きたいという願いは，差別や偏見のない社会にしたいという思いにつながります。

▶正義と公正さを重んじる◀

◎正義とは，人が行うべき正しい行動や社会全体としての正しい秩序などを広く意味していることを理解していました。班学習の中で友達の様々な捉え方にも広く学んでいました。 多深

◎自分を見つめ直し，不公正なところはないか振り返っていました。そして，不公正さを許さない姿勢で積極的に差別や偏見をなくしたいと発表しました。 自深

○道理にかなって正しいことがわかり，それに基づいて適切な行為を判断し，実践しようとする意欲を発表していました。 深

☆正義や公正さの大切さを理解していました。どう達成していくか，道徳上どのような問題があるかを考え，その解決に向けて話し合うとより深い学びになります。 多

誰に対しても公平に接する

◎好き嫌いは感情であるから全くなくすことはできなくとも，それにとらわれずに誰に対しても公平に接していきたいと，自分の経験をもとに発表しました。 自 深

◎特別活動で集団生活の向上について学習したことと関連させて，他者を尊重し，誰に対しても分け隔てなく公平に接し続けることが重要であると考えていました。 自 深

○自分がされたいように他者も尊重し，誰に対しても分け隔てなく公平に接し続けようとすることが大切だとワークシートに書いていました。 深

☆偏ったものの見方や考え方を避けることが大切であることを理解しました。そうすることの難しさを友達の発表から学び，自分はどうだったかを振り返るとより深い学びになります。 自

差別や偏見のない社会の実現

◎世の中からあらゆる差別や偏見をなくし，望ましい社会の理想を掲げることと，公平で公正な社会の実現に努めることの大切さを，班で話し合う中で広く学びました。 多 深

◎差別や偏見のない社会を実現するためには，助けを求めることをためらわないなど協力も仰ぎながら努力することが大切であることを，社会科の学習と関連させて考えました。 多 深

○公のことと自分のこととの関わりや社会の中における自分の立場に目を向け，社会をよりよくしていこうとする意欲をワークシートに書いていました。 自

☆差別や偏見のない社会にしたいという思いをワークシートに書いていました。そのために超えなければならない困難にどう関わるかを考えていくと，より深い学びになります。 自

C12
社会参画，公共の精神

社会参画の意識と社会連帯の自覚を高め，公共の精神をもってよりよい社会の実現に努めること。

学級や学校の生活において，自分は何もしないで人任せにしがちになる生徒も見られます。自分も社会の一員であると自覚を深めるようにして，積極的に協力し合おうとする意欲を育てるように工夫しましょう。

評価のキーワード

▶社会参画の意識◀

「社会参画の意識」とは，内容項目C13「勤労」(本書66〜67ページ) とも相まって，共同生活を営む人々の集団である社会の一員として，その社会における様々な計画に積極的に関わろうとすることです。

▶社会連帯の自覚を高める◀

「社会連帯の自覚」とは，社会生活において，一人一人が共に手を携え，協力し，誰もが安心して生活できる社会をつくっていこうとすることです。

▶公共の精神◀

「公共の精神」とは，社会全体の利益のために尽くす精神であり，政治や社会に関する豊かな知識や判断力，論理的・批判的精神をもって自ら考え，社会に主体的に参画し，公正なルールを形成し遵守する精神です。

▶社会参画の意識◀

◎清掃ボランティアの経験から，身の回りを含めた社会に関わることの意義を考えました。これからさらに積極的に関わっていこうという意欲をワークシートに書いていました。 自 深

◎主権者教育での学びを振り返り，将来，選挙権を得る年齢に達した際には積極的に投票に参加し，主体的に社会に関わっていきたいという意欲を班の中で発言していました。 自 深

○今まであまり意識していなかった，自分も社会の一員であるということに気づき，互いに協力して地域社会の活動に参加することが大切だという思いを強めていました。 深

☆安心・安全によりよく生活する社会をつくる大切さを理解しました。自分がどのような社会的役割や責任を果たすことができるか考えると，より主体的な学びになります。 自

社会連帯の自覚を高める

◎社会科の公民的分野での社会連帯の在り方の学習と関連づけて，班学習の中で現代的な課題等を取り上げ，どのように協力すべきかについて，友達と意見を出し合っていました。自多

◎学級活動や生徒会活動での積極的な経験を生かして，社会連帯についての考えを深めていました。今後も協力して，学校生活を居心地のよいものにしていきたいという記述が見られました。自深

○一人一人の個性を尊重する社会を築くためには，社会を構成する多くの人々と助け合い励まし合いながら協力し合っていくことが大切であることに気づきました。深

☆社会の全ての人々が，共によりよく生きたいと思っていることに気づきました。互いに助け合い励まし合う人と人との結びつきの意義を考えると，より深い学びになります。深

公共の精神

◎学級活動や生徒会活動に積極的に参画した経験と関連づけて，学校全体の利益に尽くすことの大切さを実感し，今後のよりよい学校生活のために自分ができることを発表していました。自多

◎班での話し合いを重ねる中で，社会全体のよりよい発展のために尽くすことと，個人として向上していくことが両立できる在り方が大切であることに気づき，考えを深めていました。多深

○民主的なよりよい社会を実現するため，これから自分たちがどのような形で社会に参画できるかについて話し合い，積極的に協力しようとする意欲が大切だという意見を発表しました。多

☆よりよい社会を実現するためには，社会生活において，一人一人が互いに迷惑をかけることのないように行動しなければならないということを，教材を通して学びました。深

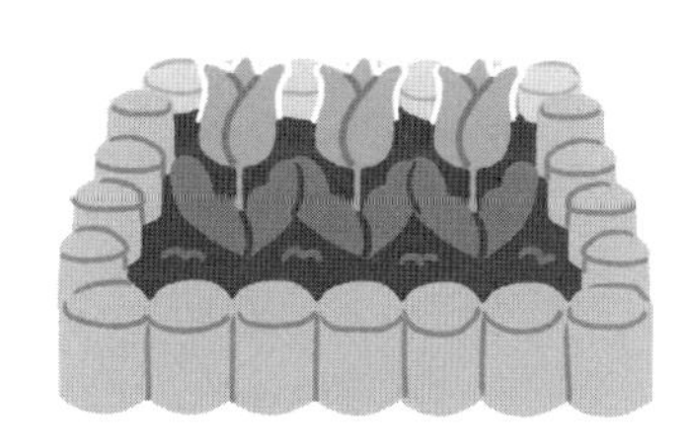

勤労の尊さや意義を理解し，将来の生き方について考えを深め，勤労を通じて社会に貢献すること。

将来の夢や希望をなかなか描けない生徒，勤労を通して社会貢献で得られる成就感や充実感を実感できない生徒は多いでしょう。職場体験，ボランティア活動，福祉体験などを生かして社会における自らの役割や将来の生き方について考えさせていきましょう。

評価のキーワード

▶勤労の尊さ◀

「勤労」とは，自分の務めとして心身を労して働くことであり，勤労は人間生活を成立させる上で大変重要なものです。

▶将来の生き方◀

勤労という視点で一人一人が将来の生き方について考えを深めることは，社会生活の発展や向上への貢献につながります。

▶勤労を通じて社会に貢献する◀

職業は，一人一人の人生において重要な位置を占めており，人は働くことの喜びを通じて生きがいを感じ，社会とのつながりを実感することができます。

▶勤労の尊さ◀

◎班学習の話し合いで，人は自分の能力や個性を生かして働きたいと願っていることに気づきました。そのことを係活動の自分の役目の中でも感じていることを発表しました。 自 多

◎職業や勤労に対する価値観が多様化する中にあっても，勤勉に働くことは大切であることに気づき，一生懸命に仕事をして社会に貢献したいという思いを語っていました。 自 深

○人は，働くことの喜びを通じて生きがいを感じること，社会とのつながりを実感することが大切だと，ワークシートに書いていました。 深

☆人は自らの目的を実現するために働くことをワークシートに書いていました。さらに，働くことの意義について考えると，より深い学びになります。 深

将来の生き方

◎自分の将来の生き方や就きたい職業は何かについて考えていました。職業には収入を得て生活するという面と，役目を果たして社会を支えるという面があることに気づきました。 多 深

◎教材の主人公の働く姿勢に共感し，どのような職業に就こうとも自分の納得する仕事をしていくことが充実した生き方につながると気づき，発表していました。 深

○社会には様々な職業があり，自分が将来どのような職業に就こうとも，その仕事に誇りをもって生きていきたいと，ワークシートに書いていました。 深

☆どんな職業が自分にあっているかという話し合いの中で，積極的に発言していました。働くことが社会を支えていることについても考えていくと，より深い学びになります。 多

勤労を通じて社会に貢献する

◎ゲストティーチャーに働くことの意味や大切さについて講話をしていただいた学習（職業講話）と関連づけながら，社会における役割や自分の将来の生き方について，意見を発表しました。 自 多

◎職場体験活動での自分の体験を教材に重ね合わせながら，勤労を通して社会に貢献する主人公の喜びや充実感，生きがいをワークシートに書いていました。 自 深

○勤労を通して社会に貢献し，充実した生き方を追求し実現していくことが，一人一人の真の幸福につながっていくという授業最後の話を，真剣な目で聞き入りうなずいていました。 深

☆複雑な産業社会の中で，現代は，自分の仕事の意義が見えにくいことに気づきました。自分が将来どんな仕事に就き，どんな貢献がしたいのか考えると，より深い学びになります。 自

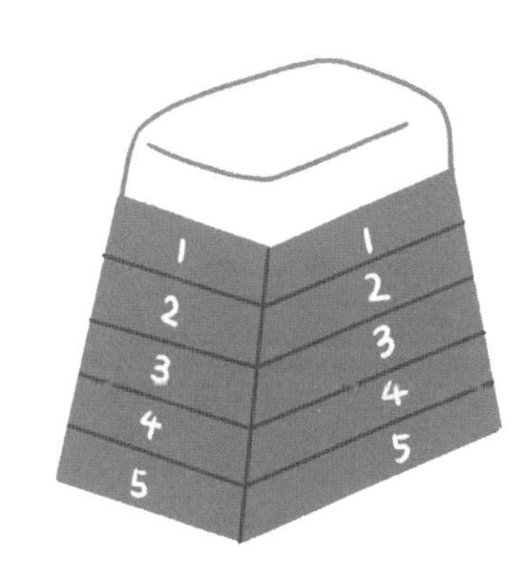

父母，祖父母を敬愛し，家族の一員としての自覚をもって充実した家庭生活を築くこと。

中学生になると，次第に自我意識が強くなり自律への意欲が高まります。父母や祖父母の言動に反抗的になりがちです。家族のそれぞれの立場にたって考えられるよう，多面的・多角的に捉えさせていきましょう。

評価のキーワード

▶父母，祖父母を敬愛する◀

「父母，祖父母を敬愛する」とは，子どもである生徒が父母，祖父母を尊敬し愛情をもって接することです。

▶家族の一員としての自覚をもつ◀

父母，祖父母に敬愛の気持ちを深めていくことや家族の中で自分の役割や責任を果たすことを通して，家族の一員であることの自覚が高まります。

▶充実した家庭生活を築く◀

家族を構成する成員相互の温かい信頼関係や愛情によって，互いが深い絆で結ばれていることが大切であると自覚することが，より充実した家庭生活を築くことにつながります。

▶父母，祖父母を敬愛する◀

◎先祖代々命を受け継いでくれたので今の自分が生きていると，祖父母や父母へ感謝する思いをワークシートに書いていました。深い愛情を受けてきたことを振り返り，発表しました。 自 深

◎父母や祖父母と自分の関わり方を振り返り，家庭生活が人としての生き方の基礎であるという思いをワークシートに書いていました。さらに家族の理想的な姿について発表しました。 自 深

○班学習の話し合いの中で，父母や祖父母が子どもの成長を第一に願い，愛情をもって育ててくれたことに対して，敬う気持ちを発表していました。 深

☆班学習の話し合いの中で，自分を育ててくれた父母や祖父母に対して敬う気持ちを伝えていました。自分が家族にできることなどを考えると，より深い学びになります。 自

家族の一員としての自覚をもつ

◎自分は家庭でどのような役割を果たせばよいのか，様々な面から日常を振り返り，家族の一員としての自覚をもって積極的に協力していく意欲をワークシートに書いていました。 自 多

◎家庭内で自分が自己中心的で反抗的な態度をとる場合があると振り返り，家族関係を自分の視点だけでなく，家族のそれぞれの立場から考える大切さを発表しました。 自 深

○自分の家族を振り返りながら，家族の一人一人が互いにほかの誰かと取り替えることができないかけがえのない存在であることに気づきました。 自

☆家族一人一人が大切な存在であることを自覚していました。さらに，自分は家庭でどのような役割を果たせばよいのかを考えると，より深い学びになります。 自

充実した家庭生活を築く

◎家庭科で「自分の成長と家族・家庭生活」を学習した内容と関連させて，家族が互いに信頼関係や愛情によって深い絆で結ばれることが大切であると自覚し，ワークシートに書いていました。 自 多

◎家庭とは，成長した子どもがそこから外へ出かけ，そこへと戻ると安心できる場所であり，子どもを守り育てる教育の場所でもあるなど，自分にとっての家庭の理想像を考えました。 自 深

○家庭は，家族と生活を共にしながら，社会の一員として正しく行動できるための準備が行われる場所であることをワークシートに書いていました。 深

☆家族が愛情によって結ばれていることが大切であることを理解し，ワークシートに書いていました。家庭を取り巻く状況や，家庭の姿も多様であることも考えると，より深い学びになります。 多

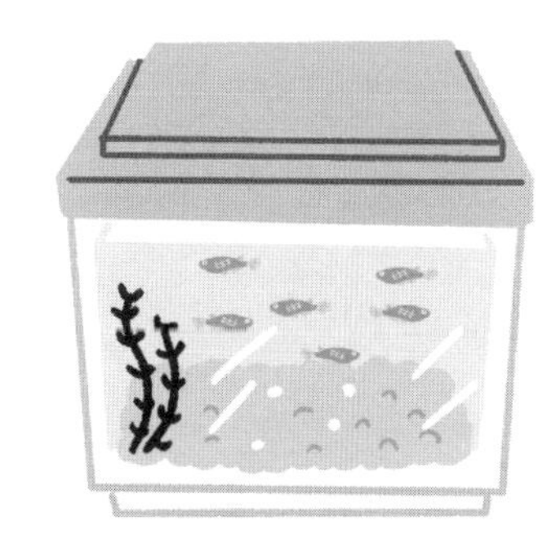

教師や学校の人々を敬愛し，学級や学校の一員としての自覚をもち，協力し合ってよりよい校風をつくるとともに，様々な集団の意義や集団の中での自分の役割と責任を自覚して集団生活の充実に努めること。

自分の思いを先行させてしまったり，集団の一員としての所属感や一体感を強く求めすぎて，排他的になってしまったりすることもあります。利己心や狭い仲間意識を克服し，協力し合って集団生活の向上に努める態度を育てましょう。

評価のキーワード

▶教師や学校の人々を敬愛する◀

「教師や学校の人々を敬愛し」とあるのは，生徒が教師や先輩，級友，後輩との信頼関係を築き愛情をもって接することを意味しています。

▶学級や学校の一員としての自覚をもつ◀

教師と生徒一人一人が学級や学校で自分自身の役割と責任を果たしながら，互いの信頼関係を深め，協力して集団生活の充実に努めることが大切です。

▶協力し合ってよりよい校風をつくる◀

生徒の生活の場である学校はそれぞれ独自の校風があります。これを後輩たちが協力し合って継承し，さらに発展させよりよい校風づくりをしていくことが大切です。

▶様々な集団の意義や集団の中での自分の役割と責任◀

集団の一員としてよりよく生きていくためには，自分の属する集団の意義や目指す目的を十分に理解し，自分の役割と責任を果たし集団生活の充実に努めることが大切です。

▶教師や学校の人々を敬愛する◀

◎学校生活を振り返りながら，自分が教師や先輩，友達のことを信頼できるからこそ学校が好きだと思えるということを，班の中で発表していました。 自 深

◎班学習の中で自分とは違う友達の意見を聞きながら，先生が一人一人の生徒のために熱心に関わろうとするのはなぜなのか，今まで考えてこなかった視点からも考えていました。 多 深

○学校や学級，部活動などの集団の一人として，先生や先輩，友達に愛情をもって接することの大切さに気づきました。 深

☆一つの職業としての視点で先生の生徒への関わりについて考えました。さらに，先生がなぜ生徒のために熱心に関わろうとするのかについて考えると，より深い学びになります。 多

学級や学校の一員としての自覚をもつ

◎文化発表会で自分の役割を果たしたからこそ学校の一員だと実感したことや，その経験を大切にしていくことがよりよい校風をつくり，集団生活を充実させることにつながると発表しました。自深

◎自分が所属する部活動だけに関心を寄せ，ほかの事に無関心になってはいないかと振り返り，協力し合って集団生活をよりよくしていくために，自分ができることは何かを考え発表しました。自深

○生徒一人一人が学級の中で個性を大切にすることのすばらしさに気づき，伸び伸びと自分のよさを発揮できるような学級にしていきたいという意欲をワークシートに書いていました。自深

☆生徒が協力して学級や学校生活をよりよくしていくことの大切さを理解していました。さらに，自分に何ができるかを考えると，より深い学びになります。自

協力し合ってよりよい校風をつくる

◎校風は一朝一夕に築かれたものではないことに気づき，どんな努力があったのかを学級で話し合う中で，これまでの多くの先輩や保護者，地域の人々の関わりについて考えました。自多

◎学校のよさや校風等を出し合う中で，自分自身が学級や学校の一員である自覚をもち，先輩や保護者，地域の方々の思いを引き継いでいかなければならないとワークシートに書いていました。多深

○自分自身が学級や学校の一員であることを自覚し，自分を振り返りながら，協力し合ってよりよい校風をつくりたいという意欲をワークシートに書いていました。自

☆校風は長年にわたる人々の努力によって培われていることを理解し，ワークシートに感想を書きました。自分が学校の一員として何ができるのかを考えると，より深い学びになります。自

様々な集団の意義や集団の中での自分の役割と責任

◎教材で学んだことを自分たちの学級と重ね合わせ，一人一人の個性が尊重され，伸び伸びと自分の役割と責任が果たせるようにしていきたいという意欲を発表していました。自深

◎自分が所属する部活動の目的や意義について考え，ワークシートに書いていました。友達の発表を聞いて，力を合わせチームとして取り組むことで部活動の目的は達成できることに気づきました。深多

○集団の目的や意義を達成するためには，まずその集団の規則を守り，互いに協力し励まし合う関係をつくることが大切だと理解し，ワークシートに書いていました。深

☆集団の中で自分の役割や責任を果たすことで，集団生活が充実すると発表していました。さらに，集団が高まることで自分自身も成長できることについて考えると，より深い学びになります。深

郷土の伝統と文化を大切にし，社会に尽くした先人や高齢者に尊敬の念を深め，地域社会の一員としての自覚をもって郷土を愛し，進んで郷土の発展に努めること。

自我の確立を強く意識するあまり，自分が自分だけで存在していると考えがちです。郷土に対する認識を深めるように指導していきましょう。問題意識をもち，進んで郷土の発展に努めようとする実践意欲や態度を育てていきましょう。

評価のキーワード

▶郷土の伝統と文化を大切にする◀
「伝統」とは，長い歴史を通じて培い，伝えてきた信仰・風習・芸術などであり，特にそれらの中心をなす精神的な在り方です。「文化」とは，人間が自然に手を加えて形成してきた物心両面の成果を指し，衣食住や技術・学問・芸術など生活形成の様式と内容を含んでいます。

▶先人や高齢者に尊敬の念を深める◀
社会に尽くした先人や高齢者などの先達のおかげで，今のこの暮らしができることに，尊敬の念や感謝の気持ちを深めるということです。

▶地域社会の一員としての自覚をもつ◀
地域社会の行事に生徒が参加し，地域の人々と様々な関係をもち共同することで，地域社会の成員としての公共性を身につけることができます。

▶郷土を愛し，進んで郷土の発展に努める◀
生徒にとって地域社会は大切な生活の場であり，進んで郷土の発展に努める態度を育成することが必要です。

▶郷土の伝統と文化を大切にする◀

◎郷土の伝統には，信仰・風習・制度・思想など多面性があることを班で学び合いました。長い歴史を通じて培い，伝えられてきた伝統をどのように受け継いでいくかを考えました。 自 多

◎地域の方に，郷土の伝統文化を愛する思いを語ってもらったことから，衣食住をはじめとした郷土の生活の様子に興味を持ち，積極的に伝統文化に関わっていきたいと発表しました。 自 深

○自分が何気なく参加している郷土の祭りには，先人の故郷を誇りに思う強い気持ちや地域を守りたいという深い思いがあることに気づき，その感動が感想に綴られていました。 深

☆郷土の伝統には，信仰・風習・制度・思想・学問・芸術などがあることを知りました。それらを大切にして自分がどう関わっていくかを目を向けると，さらに深い学びになります。 深

先人や高齢者に尊敬の念を深める

◎班の学び合いの中から，地域社会に尽くしてきた先人や高齢者の方の功績を多数あげ，地域の人々とともに，地域をよりよいものに発展させていこうとする意欲を感想に書いていました。 深

◎地域社会に尽くすとともに，自分の人生も大切にしてきた先人や高齢者への尊敬と感謝の気持ちを発表し，自分も地域の発展に貢献したいという意欲を発表しました。 自深

○郷土のよさに気づき，郷土の発展のために尽くしてきた先人や高齢者の方々の具体例をあげながら，その方々への感謝の思いと尊敬の念をワークシートに書いていました。 深

☆地域社会に尽くした先人や高齢者の方への感謝の気持ちをワークシートに記述していました。自分にとって特に関わりが深い方の思いや願いを考えていくと，より学びが深まります。 自

地域社会の一員としての自覚をもつ

◎班学習で，地域の人々とのつながりを振り返ったり，地域社会の暮らしの様子を調べたりして郷土に対する認識を深め，自分もその発展に関わりたいという意欲を発表しました。 自多

◎地域の行事に参加したことを振り返り，地域の伝統と文化に触れることで，地域に対する誇りや愛着が生まれ，もっといろいろな場面で主体的に関わりたいという思いを発言しました。 自深

○地域社会の一員として生活する中で，これまでの自分が地域の方の連帯意識によって見守られ育てられてきたことに気づき，感謝の思いをワークシートに書いていました。 自

☆地域の人々との交流や，協力して何かを成し遂げるという機会が少なくなってきていると発表していました。自分にできることは何かと考えていくと，より実践的な学びになります。 自

郷土を愛し，進んで郷土の発展に努める

◎地域行事への参加体験の話し合いを通して，郷土への愛着や意識が薄くなりつつあることに気づきました。地域の課題の解決のために自分ができることについて，様々な視点から書いていました。 自多

◎引っ越してきたこの地を郷土といえるのかと，様々な面から考えていました。地域についてよりよく知る中で認識を深め，郷土を愛しその発展に努めようとする意欲的な発言をしました。 自深

○地域の問題について『総合的な学習の時間』で学習した課題を例示して，問題意識をもった課題に対してもっと深く調べ，積極的に関わりたいという意欲を発表しました。 深

☆地域に対する愛着や郷土意識が薄くなっていることを理解していました。地域社会のよさを理解し，郷土の発展のために自分にできることを考えることで，実践につながっていくでしょう。 自

C17 我が国の伝統と文化の尊重，国を愛する態度

優れた伝統の継承と新しい文化の創造に貢献するとともに日本人としての自覚をもって国を愛し，国家及び社会の形成者として，その発展に努めること。

中学生になると，日本の国土や歴史に対する理解が深まり，伝統と文化に関心をもちます。先人たちの努力とその精神を理解することを通して，国の伝統文化の価値を継承し新たな文化を創造していこうとする意欲や態度，国を愛する心などを育てていきましょう。

評価のキーワード

▶優れた伝統の継承と新しい文化の創造◀
「伝統の継承」とは，長い歴史を通じて培われ，受け継がれてきた風俗，慣習，芸術などを大切にし，それらを次代に引き継いでいくことです。「新しい文化の創造」とは，伝統や文化を踏まえ，さらに発展させ，時には他の文化も取り入れながら新しい文化を生み出すことです。

▶日本人としての自覚をもって国を愛する◀
「国を愛する」とは，歴史的・文化的な共同体としての我が国を愛し，国家及び社会の形成者として，その発展を願い，それに寄与しようとすることです。

▶国家及び社会の形成者として，その発展に努める◀
「国家の発展に努める」ことは，国民全体の幸福と国としてのよりよい在り方を願ってその増進に向けて努力することです。

▶優れた伝統の継承と新しい文化の創造◀

◎身近に優れた伝統と文化を育んできた伝統芸能の継承者たちの努力があったことに気づき，その願いを理解しました。自分も新たな文化を創造していきたいと発表しました。 自 多

◎先人の残した文化遺産について，様々な視点から現代にも生きる優れたものを見つけました。それを生み出した精神に学び，継承し発展させていきたいと発表しました。 多 深

○先人の残した有形無形の文化遺産の中に優れたものがあることを知り，継承し発展させていくことの必要性を発表しました。 深

☆優れた伝統や文化を育んできた先人たちの願いに気づきました。自分たちも新たな文化を創造していきたいという友達の意見にも目を向けると，より深い学びになります。 自

日本人としての自覚をもって国を愛する

◎自分の国を愛することで他国への理解も深まり，それが国際貢献に努めようとする態度につながっていることに気づき発表しました。学級に深い学びにさせるきっかけとなりました。　多 深

◎オリンピックでの応援を振り返り，我が国への親しみや愛着の情を確かめていました。その上で，他国と日本との関わりについて様々な視点から考えていました。　自 深

○国を愛することは，国際貢献に努力しようとする心がまえにつながっているという友達の意見をもとに，自分の考えを深めていました。　多

☆国を愛することと，他国を理解することとは切り離せない関係にあることに気づきました。自分の経験と結びつけて考えるとより深い学びになります。　自

国家及び社会の形成者として，その発展に努める

◎海外での生活経験を振り返りながら，国際理解と国際貢献の視点で国際社会と向き合うことが求められていると考え，その自覚をもちたいという意欲を発表しました。　自 多

◎グローバル化や情報通信技術などが進展すればするほど，日本人としての自覚をもつことが大切になってくると考え，国際社会と自分との関わりについて発表しました。　自 深

○国民一人一人の幸福と，国としてのよりよい在り方に向けて努力することの大切さを理解しました。自分には何ができるかを考えていました。　自

☆我が国がいろいろな面で発展してほしいという希望をワークシートに書いていました。友達の意見についても様々な視点で考えてみるとより深い学びになります。　多

世界の中の日本人としての自覚をもち，他国を尊重し，国際的視野に立って，世界の平和と人類の発展に寄与すること。

諸外国について多くの知識や情報を瞬時に手に入れることができ，世界の人々との関わりを体験する機会も増えてきます。他国の伝統や文化も自国と同様に人々の願いにより形成されているという理解に立ち，他国の人々や異文化に対する理解と尊敬の念を育てていきましょう。

評価のキーワード

▶世界の中の日本人としての自覚をもつ◀
日本のことだけを考えるのでなく，国際的視野に立って広く世界の諸情勢に目を向けつつ，日本人としての自覚をしっかりもって国際理解に努めることが必要です。

▶他国を尊重し，国際的視野に立つ◀
「他国を尊重」するとは，他の地域や国々はそれぞれの文化や伝統，歴史をもっており，地域や国々の在り方・理想等を，違いは違いとして理解し，それを尊重していくことを意味しています。

▶世界の平和と人類の発展に寄与する◀
平和は，全ての国々の万人の心の内で模索すべき道徳的課題の一つです。私たちは，他国の人々や文化を尊重し，国際的視野に立って，世界の平和と人類の発展に貢献し，世界の人々から信頼されることを目指しています。

▶世界の中の日本人としての自覚をもつ◀

◎班学習で，国際的視野に立って世界の環境問題などにも目を向けることが必要なことを，自分の体験から語っていました。社会科で学習したことにも関連づけた振り返りを発表しました。 自 多

◎社会科で学習したことと関連づけながら，一つの国が自分たちだけの幸せを追い求めるのではなく，国際理解や国際協調に努めることの重要性について意欲的に発表しました。 多 深

○班学習の話し合いで，日本人としての自覚をもつことと，他の国々の人への理解に努めることとのバランスを保つことが大切だという意見に賛同していました。 多

☆世界の中の日本人としての自覚をもつことの大切さに気づきました。さらに国際理解に努めることの大切さの視点をもって考えると，より深い学びになります。 深

他国を尊重し，国際的視野に立つ

◎世界の様々な問題に目を向け，国際社会で生きる力を身につけることが必要だと発表し，さらに，国際社会の中で自らの役割と責任を果たしたいという意欲をワークシートに書きました。自深

◎グローバル化が進む中，多様な人々と互いを尊重して生きることや，人間の幸せと社会の発展の両方が調和していく大切さなどについて，学び合いの中から幅広く考え発表しました。多深

○外国にも日本と同じように伝統のよさがあり，相互に尊重すべきことを学習する中で，それぞれの国独自の伝統や文化に国民が誇りをもつことの大切さに気づきました。深

☆他の国の人々やその文化に対する理解と尊敬の念を大切にしたいとワークシートに書いていました。それぞれの文化のもつ多様性の尊重についても考え始めています。多

世界の平和と人類の発展に寄与する

◎国によって考え方や習慣が違うこと，どの国の人々も同じ人間として尊重し合うことなどを踏まえ，世界の平和や発展のために自分にできることは何かを様々に考え発表しました。多深

◎世界の平和を実現するために，各国が協力し努力することの大切さを班学習で話し合いました。また，そのためには民主的な社会の実現が重要とも語っていました。多深

○今日，私たちが抱える国際的な問題として，環境や資源，食料や健康の問題などをいくつもあげ，それぞれ一地域にとどまる問題ではないことを発表しました。深

☆持続可能な社会をつくっていくために行動したいとワークシートに書いていました。国際協力や国際協調の視点も加えると，深い学びにつながるでしょう。深

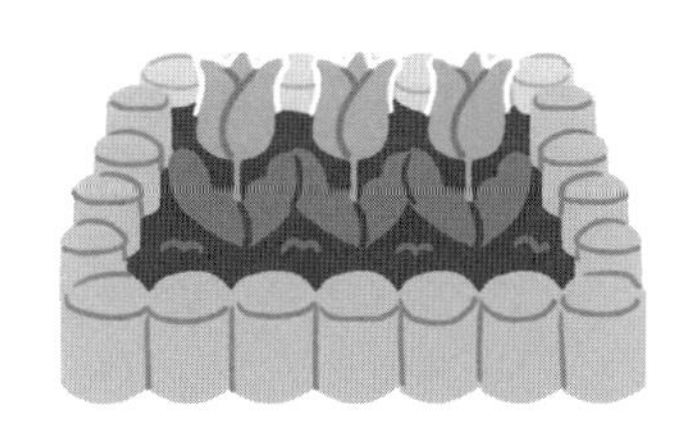

生命の尊さについて，その連続性や有限性なども含めて理解し，かけがえのない生命を尊重すること。

生命について，自分が今ここにいることの不思議（偶然性），社会的関係性や自然界における他の生命との関係性などからより多面的・多角的に捉えることができるように育てましょう。自らの生命を大切にし，他の生命を尊重する態度を身につけさせましょう。

評価のキーワード

▶生命を尊ぶ◀

生命を尊ぶことは，かけがえのない生命をいとおしみ，自らもまた多くの生命によって生かされていることに素直に応えようとする心の現れです。

▶生命の連続性や有限性なども含めて理解する◀

ここで言う生命とは，連続性や有限性を有する生物的・身体的生命に限らず，その関係性や精神性も含んだ社会的・文化的生命，さらには人間の力を超えた畏敬されるべき生命として捉えます。

▶かけがえのない生命を尊重する◀

生命を尊ぶためには，まず自己の生命の尊厳，尊さを深く考えることです。生きていることの有り難さに深く思いを寄せることから，自分以外のあらゆる生命の尊さへの理解につながります。

▶生命を尊ぶ◀

◎学習を振り返り，自分はかけがえのない存在であり，周囲に支えられて生きているという自覚が高まりました。自分に対する自信も高まったことを実感していました。 自 多

◎現代社会における命の尊さをテーマに話し合った中で，生命とは何か，命の尊さを守るためにはどのように考えていったらよいかなど，多様な考えを発表し合って，学びをより深めました。 多 深

○話し合いを通して，命あるものは互いに支え合い，生かされていることに気づきました。そうした考えで身近なことを見直し，周囲に感謝の気持ちをもったことを発表しました。 深

☆生命とは何か，大切な命を守るためにはどのように考えていったらよいか班学習で話し合いました。さらに自分の経験と関連づけて考えることで，学びをより深めることができます。 自

生命の連続性や有限性なども含めて理解する

◎命には限りがあり，祖先から受け継がれた尊いものであることを心のつながりを含めて理解し，さらに，命を人間の力を超えたものとして幅広く捉えてワークシートにまとめました。 多 深

◎生命の受け継がれていく尊さや限りのあること，心のあり方などを考える学習で，生命はかけがえのない大切なものであり，決して軽く扱われてはならないという意見を発表しました。 多 深

○人間だけでなく，身近な動植物をはじめとした，あらゆる生き物の生命のつながりについて学び，班学習の中で発表しました。 深

☆生命の連続性について考え，自分の命を大切にしていきたいとワークシートに書いていました。さらに，他の生命の大切さやつながりについても考えると学びが深まります。 多

かけがえのない生命を尊重する

◎人間の生命がかけがえのないことを実感する機会が少なくなった結果，生命を軽視する軽はずみな言動や，いじめ問題などが起きるのではないかという考えを，全体で発表しました。 多 深

◎自分の命と同様に，他のあらゆる命にも尊さを感じ，大切にしたいとワークシートに書いていました。また，自分の経験に基づいて，生きていることへの感謝を発表しました。 自 深

○自分の命の大切さを深く自覚することと，他の命を尊重することの両方を大切にしていきたいとワークシートに書いていました。 深

☆自分の命を大切にしていきたいとワークシートに書いていました。さらに，周りの動物や植物など，様々な命に目を向けて考えを広げていくとよいでしょう。 深

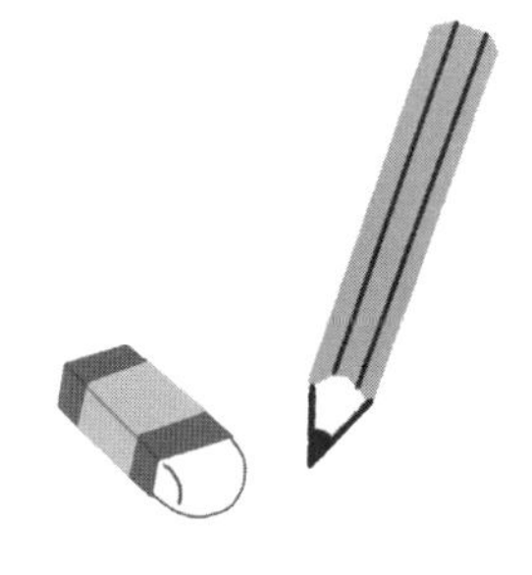

D20
自然愛護

自然の崇高さを知り，自然環境を大切にすることの意義を理解し，進んで自然の愛護に努めること。

理科や防災に関する学習を通して，自然の強大な力と人間の力の限界を理解し，人間の力を超えた自然の姿を感性と理性の両面で捉えるようになります。自然に対して謙虚に向き合うことの大切さを理解させていきましょう。

評価のキーワード

▶自然の崇高さ◀
自然の美しさや神秘を感性で受けとめるとともに，自然が人間の力が及ばない存在であり，時として我々に「恐れ」や「緊張」をもたらすものであるということを理性でも認識することです。

▶自然環境を大切にする◀
人間は有限なものであるという自覚によって，自然の中で生かされている人間が，自然に対して謙虚に向き合うことの大切さを理解することです。

▶自然の愛護に努める◀
人間が自然の主となって保護し愛するということではなく，自然の生命を感じ取り，自然との心のつながりを見いだして共に生きようとする積極的な対し方です。

▶自然の崇高さ◀

◎自然の美しさに触れ，親しむことで人は人生を豊かにしてきたと，ワークシートに書いていました。班学習では，人間の命は自然の中で生かされていると発言していました。 多 深

◎自然は美しいだけではなく，恐ろしいものにもなることを震災の経験から学んだと発言していました。ワークシートには，人間は自然の中で生かされているという面についても書いていました。 自 深

○集団宿泊訓練でのすばらしい自然の風景との出合いを振り返り，そこでの感動や不思議に思った体験を例にあげながら，人間と自然との関わりについての考えを発表しました。 自

☆自然災害の怖さについてワークシートに書いていました。その自然の中で人間は生きていくものであり，自然に生かされている面についても考えていくと，さらに学びが深まります。 多

自然環境を大切にする

◎環境保全活動に参加した経験から，自然に対して謙虚に向き合うことの大切さと，これからも環境を保護する活動に貢献したいという意欲をワークシートに書いていました。　自深

◎自然環境を大切にすることの意義を理解し，さらに，生命の大切さや尊さ，自然の中で生きることのすばらしさを自覚した広がりのある発表をしました。　多深

○人の手が加わっていない自然をむやみに開発したりせず，可能なかぎり維持，保全しようとする意識の高まりをワークシートに書いていました。　深

☆自分ができることで環境保全活動をしたいという意欲をワークシートに書いていました。さらに，自然環境を大切にする意義を考えると，より深い学びになります。　深

自然の愛護に努める

◎自然の中で生きている人間以外の生命の存在にも気づき，人も自然も共につながって生きようとする心の大切さを，自分の経験を通して発表しました。　自多

◎自然を人にとって安全に管理すべきという考えだけでなく，自然の怖さも受け入れて自然と共に生きていくことが大切だという考えもあることを，対話的な学びの中で理解していました。　多深

○教育キャンプで自然に親しみ，キャンプ場の環境を守るように意識して行動した経験を振り返り，人間は自然の大きな力の中で生きていると感じたと発言していました。　自

☆人間が生活しやすいように自然を管理し，環境を保っていきたいと感想に書いていました。さらに，自然と共に生きる大切さにも目を向けると，より深い学びになります。　深

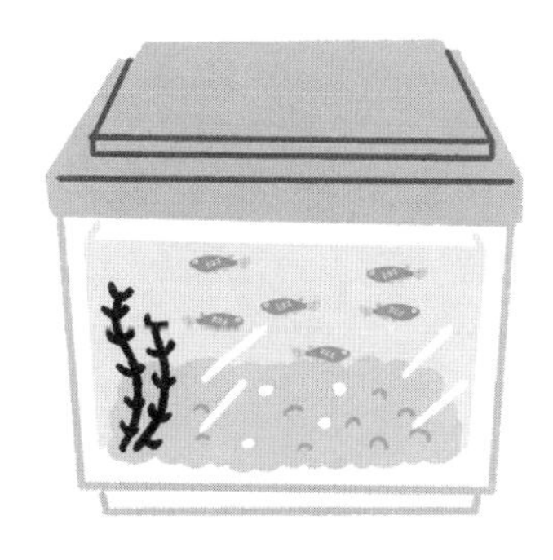

美しいものや気高いものに感動する心をもち，人間の力を超えたものに対する畏敬の念を深めること。

徐々に感動する心が育ち，自然や人間の力を超えたものに対して美しさや神秘を感じるようにもなります。自分の体験や活動などを振り返り，人間と自然，美しいものとの関わりを多面的・多角的に捉えさせていきましょう。

評価のキーワード

▶美しいものや気高いものに感動する◀

感動とは，物事に深く感じて心が動くことです。自然や芸術，人の生き方など，美しいものや気高いものに触れることによって，人は感動を味わいます。

▶人間の力を超えたものを自覚する◀

自然の神秘や芸術性・精神性は人間の力を超えたところにあり，人には近づけない領域があることを人間は自覚するようになります。

▶畏敬の念を深める◀

「畏敬」とは，「畏れる」という意味での畏怖という面と，「敬う」という意味での尊敬，尊重という面が含まれています。すなわち，畏れかしこまって近づけないということです。

▶美しいものや気高いものに感動する◀

◎人間のもつ心の崇高さや偉大さに感動したり，真理を求め，自分の可能性にひたむきに挑戦する姿に心を打たれたりしたことを，自分の経験と結びつけながら発表しました。 自 深

◎自分の経験を振り返り，自分とは異なるものと出合った時や日常では味わえない体験をした時に，人はより深く感動することをワークシートに書いていました。 自 深

○自然や芸術など，美しいものや気高いものに触れることによって，人は感動を味わい，人生をより豊かなものとすることができることに気づき，班の中で発言していました。 深

☆教材に描かれた人の生き方に気高さを感じ取り，ワークシートに書いていました。自己を犠牲にした生き方だけが尊いのではないことについても考えていくと，さらに深く学べます。 深

人間の力を超えたものを自覚する

◎キャンプで自然の美しさに触れたことや，美術館で優れた芸術作品に出合ったことによって，自分の心が感動を味わい，豊かになったという実感を発表しました。 自 多

◎自然の中で営まれている生命の尊さについて考えていました。そして，人間として生きることのすばらしさについて素直に感じたことを，班の中で学び合っていました。 多 深

○人間の力をはるかに超えた圧倒的な自然の力があることをワークシートに書き，人間は自然の中で生かされているという思いを発表しました。 深

☆写真資料を見て，美しく雄大な自然について知り感動したことを，班の中で語り合っていました。自然と人間の関わりについても考えると，より深い学びとなります。 深

畏敬の念を深める

◎人の心の奥深さや清らかさを描いた教材に気高いものを感じ取り，自らを振り返り，有限な人間の力を超えたものを謙虚に受け止めようとする意欲をワークシートに書いていました。 自 深

◎自然や芸術作品の中には人間の力を超えるようなものが数多くあり，それらに出合っていくことが生きることを豊かにするのではないかと発表しました。 多 深

○自然の中で育まれる命とその厳しさに触れ，人間の力を超えたものを素直に感じ取る心が深まり，畏敬の念が芽生えてきたことをワークシートに書いていました。 深

☆体験活動で自然の美しさに触れたことを振り返り，ワークシートに書きました。さらに不思議に思ったことについても，いろいろな角度から考えると深い学びにつながります。 多

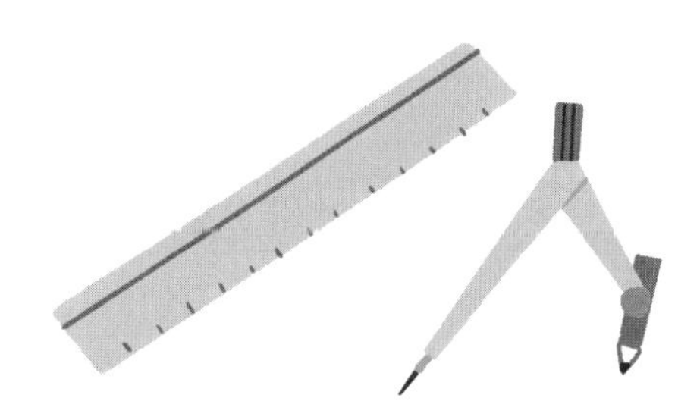

人間には自らの弱さや醜さを克服する強さや気高く生きようとする心があることを理解し，人間として生きることに喜びを見いだすこと。

自分に自信がもてず劣等感にさいなまれたり，人を妬み，恨み，うらやましく思ったりすることもあります。自分の弱さを強さに，醜さを気高さに変えることができるという，確かな自信をもち自己肯定できるような生徒を育てましょう。

評価のキーワード

▶自らの弱さや醜さを克服する強さ◀

人間として生きることへの喜びや人間の行為の美しさに気づいたとき，人間は強くなります。自己の弱さや醜さに向き合うことがなければ，気づくことができないのが自己の強さや気高さです。

▶気高く生きようとする心◀

気高く生きようとする心とは，自己の良心に従って人間性に外れずに生きようとする心のことです。良心とは，自己の行為や善悪を自覚し，善を行うことを命じ，悪を退けることを求める心の動きです。

▶人間として生きる喜び◀

苦しみに打ち勝って，恥とは何か，誇りとは何かを知り，自分に誇りをもつことができたとき，人間として生きる喜びに気づくことができます。生きる喜びとは，誇りや深い人間愛でもあり，崇高な人生を目指し，共に生きていくことへの深い喜びです。

▶自らの弱さや醜さを克服する強さ◀

◎部活動での経験を振り返り，自分の弱さに向き合うことで，それを克服してきたことをワークシートに書いていました。そして全体の前でも率直な思いを発表していました。 自 深

◎先人の生き方から，人間がもつ弱さや醜さを克服する強さについて理解を深めました。班学習で友達が気づいた強さをもった生き方についても考え，自分を見つめていました。 自 多

○自信にみなぎり何の不安もない人はいないことや，人は決して完全なものではなく誰の心の中にも弱さや醜さがあることに気づいたとワークシートに書いていました。 深

☆人には弱さや醜さがあることを理解し，自分にもそうした面があるとワークシートに書いていました。自分を奮い立たせる生き方にも目を向けると，さらに深い学びになります。 深

気高く生きようとする心

◎教材の内容を自分の理想とする生き方と照らし合わせ，人間がもつ気高さについて，誇りある生き方や夢や希望のある生き方など，様々な視点から考えていました。　自多

◎義務をやりとげられなかったとき深い後悔の念を抱いた経験や，義務をなしとげて友達との絆を守れたときに喜びを感じた経験を振り返って，全体の前で発表しました。　自深

○教材の登場人物の生き方から，人は自信を失ってしまい悲観的になることがあったとしても，再び気高く生きていけることに気づき，全体の前で発表しました。　深

☆人間の弱さと気高さの対比を，班の友達と意見を交流しながら考え発表しました。さらにそのことを自分に結びつけて考えていくと，より深い学びになります。　自

人間として生きる喜び

◎自分の弱さを強さに，醜さを気高さに変えていきたいという強い意志をもったことが発表でうかがえました。さらに，人間としてよりよく生きていきたいと発表しました。　自深

◎自分を振り返り，誘惑に負けない気持ちや苦しみに打ち勝つ気持ちが誇りにつながると気づき，人間としてよりよく生きる喜びについて発表しました。　自深

○人間はその弱さや醜さを克服したいと願う心をもっていることや，人間は弱さをもっているが，前へと向かっていくところがすばらしいと，ワークシートに書いていました。　深

☆人はその行為の美しさに気づいたとき，強く気高い存在になれると発表しました。自分のこれまでの経験と結びつけながら考えると，より深い学びになります。　自

1年　銀色のシャープペンシル

主な内容項目　D22　よりよく生きる喜び
【掲載教科書】　東書・光村・廣あかつき・日科・学図
【教材の概要】　拾ったシャープペンシルを自分のものにして，自己を正当化するためにうそをつく主人公。自己の弱さに打ち勝ち恥じない生き方を実現するということについて理解を深める。

教材「銀色のシャープペンシル」での道徳学習を通して，

◎弱さに向き合い克服する強さが人間にはあることに気づき，謝るタイミングを逸した自分の経験を振り返りながら，自分の弱さを克服したいと発表しました。　自 深

◎自分の理想とする生き方を主人公に照らし合わせ，誇りある生き方，喜びのある生き方について様々な角度から考えました。人間の気高さと誇りある生き方への学びを深めていました。　自 多

◎謝るかどうか悩む主人公に共感し，時として人はやすきに流れることもあるが，自分自身に恥じない生き方をしようとする意欲をワークシートに書いていました。　自 深

○自信にみなぎり何の不安もない人間はいないことを友達との対話の中で気づきました。さらに，謝るかどうか悩む主人公に共感し，誇りある生き方をしようと話し合っていました。　多

1年・2年　裏庭での出来事

主な内容項目　A 1　自主，自律，自由と責任
【掲載教科書】　1年:日文・光村・学研・廣あかつき・教出　2年:学図
【教材の概要】　学校の裏庭で，ガラスを割ってしまった中学生3人による，三者三様の判断と行動をめぐる教材。自主的な判断と誠実な行動をとることの難しさ，大切さについて理解を深める。

教材「裏庭での出来事」での道徳学習を通して，

◎自分だけの問題では収まらないときに，正しく判断し行動する難しさについて考えを深めていました。それを乗り越えるにはどうすればよいのか，友達との対話で様々な意見を参考にして考えていました。　深 多

◎自分の経験に照らし合わせ，自分の行いがどのような結果に結びつくのか，そして自分の行いとその結果の両方に責任をもつとはどういうことなのかについて考えを深めていました。　自 深

◎様々な角度から考えて善悪の判断をする大切さに気づきました。そして，弱い心に負けずよい行いをすることは，自分にとっても他者にとってもよい行いであると話し合っていました。　多 自

○自分で考えて行動したことは，その結果について責任を持つことを大切にしたいと班の中で話し合っていました。そのような経験が自分にはなかったかを振り返っていました。　自

廣あかつき（廣済堂あかつき），学図（学校図書），学研（学研教育みらい），教出（教育出版），東書（東京書籍），

2年・3年　足袋の季節

主な内容項目　D22　よりよく生きる喜び
【掲載教科書】　2年:日文·学研·廣あかつき·日科　3年:東書·光村·学図·教出
【教材の概要】　行商のおばあさんから釣銭を多く受け取ってしまい，いつわってしまう。その行為を悔いる主人公。心の弱さを克服し，自分に恥じない生き方をめざすことが大切だと理解を深める。

教材「足袋の季節」での道徳学習を通して，

◎自分の弱さについて今までの経験を振り返って考えていました。その中で，人には弱さを克服する強さがあると信じる，前向きな生き方について，全体で発表しました。　自 深

◎自分が理想とする生き方を主人公の生き方と照らし合わせて考えていました。誇りある生き方について多様な視点から考えることで，自分を深く見つめ直していました。　自 深

◎時として人は様々な誘惑に負けることもあるが，それは良心があるから悩むのであり，自分はこれからもっと向上していきたいという意欲を班学習で話していました。　自 深

○義務をやりとげられなかったときに後悔したことがある自分の経験を振り返り，それでも人はよりよく生きていこうとする心があると，ワークシートに書いていました。　自

2年・3年　一冊のノート

主な内容項目　C14　家族愛，家庭生活の充実
【掲載教科書】　2年:廣あかつき　3年:日文・光村・学研・学図・日科
【教材の概要】　物忘れがひどくなってきたおばあちゃんを非難する孫の主人公と弟。ある日，おばあちゃんのノートを読んで……。家族の大切さを知り，協力することの大切さを理解する。

教材「一冊のノート」での道徳学習を通して，

◎家族の中で深い愛情を受けて育てられたという父母や祖父母と自分の関わりを振り返り，敬愛の気持ちを高めました。自分も家族を支えていこうとする発表をしました。　自 深

◎日常を振り返り，子や孫なりにどのような役割を果たせばよいのかを考え，積極的に家族の役割を果たしていきたいという意欲をワークシートに書いていました。　自 深

◎自我意識が強まりつつあることを自覚しました。その中で家族それぞれの立場を理解し，温かい信頼関係によって深い絆を結んでいきたいと班の中で話していました。　自 深

○主人公が「おばあちゃん」のノートを読んだときの気持ちに共感し，父母や祖父母が子や孫の成長を願い，愛情をもって育ててくれたことへの気づきを深めていました。　深

定番教材

日文（日本文教出版），日科（日本教科書），光村（光村図書）

2年・3年　二通の手紙

主な内容項目　C10　遵法精神，公徳心
【掲載教科書】　2年:学図・日科　3年:東書・日文・光村・学研・廣あかつき・教出
【教材の概要】　規則を破って閉園時間が過ぎてから幼い姉弟を動物園に入園させた係員。母親からの感謝の手紙と懲戒処分通告。きまりを遵守し義務を果たす大切さについて理解を深める。

教材「二通の手紙」での道徳学習を通して，

◎教材の結末に葛藤を感じながらも，きまりを守ることは安全安心な環境や住みよい社会をつくり，個人の自由が保障されるなど，その意義について話し合いを通して考えを深めていました。多 深

◎自分や他者の権利を大切にし，互いの自由が尊重され，規律ある安定した社会が実現するという法やきまりの意義に気づき，ワークシートに書いていました。多 深

◎法やきまりが社会を安定させることだけでなく，必要に応じてよりよいものに変えていくことの大切さにまで気づいたことを，班の話し合いの中で発表していました。自 深

○法やきまりを「きまりだから守る」という自分の意思によらない受け身の捉えから，「尊重したいから守る」という捉えに深めていました。深

1年・3年　卒業文集最後の二行

主な内容項目　C11　公正，公平，社会正義
【掲載教科書】　1年:学図　3年:日文・学研・廣あかつき・教出
【教材の概要】　子どものころの自分のいじめ行為を時がたっても悔い，苦しむ筆者。いじめの愚かさを知り，差別，偏見，不正な言動を許さないという道徳的態度を育てる。

教材「卒業文集最後の二行」での道徳学習を通して，

◎見て見ぬふりや避けて通るという消極的な立場を取っていなかったかと自分のことを振り返っていました。そして，正義感に欠ける言動をなくしていきたいと全体で発表しました。自 深

◎よりよい社会を作るためには誰に対しても公平に接し続けようとする気持ちをもつことが必要なことに気づき，差別や偏見を許さないという意欲をワークシートに書いていました。深

◎好き嫌いは感情であるから全くなくすことはできないけれど，それにとらわれないようにして誰に対しても公平に接していきたいという意欲を発表しました。自

○自分のとろうとする行動が道理にかなうのか，正しいか否かを考えることが大切だと気づきました。そのことに基づいて自分にできることをしようと班の中で話していました。自

通知表の総合所見では，道徳科を含んだ各教科や特別活動など全教育活動を通じて行う道徳教育において，生徒たちが学んだことが言動となって表れた姿を記述します。

一人一人のよさに注目して記述することが基本となります。

◆ A1 自主，自律，自由と責任 ◆

学級劇への取り組みを通して，自由と自分勝手の違いについて考えました。自らを律し，自分や社会に対して誠実であるかなど，自分を見つめる態度が多く見られるようになりました。

◆ A2 節度，節制 ◆

ゲームで遊ぶ時間を制限するなど，節度をもった生活態度の難しさを友達と話し合いながら，規則正しい生活をするための手掛かりについて様々に考えていました。

◆ A3 向上心，個性の伸長 ◆

生徒会役員に立候補する中で，これまで気づいていなかった自分自身のよさや個性を見いだし，それを大切にしてさらに伸ばしていきたいという意欲が普段の行動にもよく表れていました。

◆ A4 希望と勇気，克己と強い意志 ◆

目標に向かって努力し続けるには，前向きな姿勢や失敗にとらわれない柔軟な思考が大切なことを理解して，生活の中で実践する様子がよく見られました。

◆ A5 真理の探究，創造 ◆

今までとは違った考え方が必要になったときに，試行錯誤しながら粘り強く考え続け，新しい考え方やその意味をいくつも見つけながら課題を解決していました。

◆ B6 思いやり，感謝 ◆

これまでの自分が，多くの人々の善意によって支えられてきたことに気づき感謝しました。今後は自分もほかの人の立場を尊重し，親切な行いをしたいという意欲が高まっています。

◆ B7 礼儀 ◆

相手への尊敬や感謝などの気持ちを具体的に示そうと積極的に行動に表していました。相手の考え方を受け入れ，人との結びつきを大切にしようと努めています。

◆ B8 友情，信頼 ◆

学級や部活動の友達に対して，信頼し，協力し，励まして友情を深めています。相手からも信頼されていて，たくさんの仲間から大切に思われています。

◆ B9 相互理解，寛容 ◆

部活動のリーダーとして，互いに個性や立場を尊重するよう呼びかけ行動しています。部の課題についての話し合いでは，一人一人の意見をよく聞いてまとめていました。

◆ C10 遵法精神，公徳心 ◆

きまりだから守らねばならないという考え方から，きまりがあることで過ごしやすい学級の実現につながることに気づき，生活の中に生かしていこうと率先して行動していました。

◆ C11 公正，公平，社会正義 ◆

自分の言動が誰に対しても公正，公平で道理にかなったものか，生活を振り返って考えていました。差別や偏見のない学級を実現したいという気持ちでリーダーの役割を果たしていました。

◆ C12 社会参画，公共の精神 ◆

学級活動や生徒会活動に積極的に関わり，全体のために役割を果たしていました。その経験を生かし，将来，社会の一員としてよりよい社会を築くために協力したいという意欲を生活日記に書いていました。

◆ C13 勤労 ◆

職場体験学習では，勤労体験を通して社会に貢献する喜びや充実感，生きがいについて考えを深めました。将来，働くことを通して人の役に立ちたいという気持ちが育っていました。

◆ C14 家族愛，家庭生活の充実 ◆

親子ふれあい活動のまとめで，家族の中で自分はムードメーカーという役割であることに気づきました。家族のそれぞれの立場を考え，積極的に協力していきたいという意欲が見られました。

◆ C15 よりよい学校生活，集団生活の充実 ◆

学級委員として快適な学級の実現について自分なりに考え，一人一人が個性を失わず伸び伸びと自分のよさを発揮できるようにしていきたいという願いが行動に表れていました。

◆ C16 郷土の伝統と文化の尊重，郷土を愛する態度 ◆

自治会との交流活動で，郷土の伝統と文化に興味をもち，大切にしたいという気持ちを高めました。地域の行事に積極的に関わる意欲がわいたことを，お礼の言葉で発表しました。

◆ C17 我が国の伝統と文化の尊重，国を愛する態度 ◆

日本の伝統や文化に興味があり，国を大切に思う気持ちをもっています。日本のよさを広く世界の人々に発信していきたいという思いを，弁論大会で発表しました。

◆ C18 国際理解，国際貢献 ◆

ALTに，国によって人々の考え方や習慣が違っても尊重したいという気持ちを伝えていました。世界の平和と人類の発展のためできる事は何か作文にまとめ，自分の思いを深めていました。

◆ C19 生命の尊さ ◆

学年討論会で，生命が受け継がれる尊さや生命には限りがあることなどを考える中で，生命のかけがえのなさに気づき，決して軽く扱われてはならないという自分の思いを発表しました。

◆ D20 自然愛護 ◆

災害に遭った経験から，自然のもつ怖さも受け入れ，人と自然が共につながって生きていくことが大切だと考えました。環境保全活動にも積極的に参加していきたいという意欲を高めていました。

◆ D21 感動，畏敬の念 ◆

理科や社会，道徳科の学習の中で，人間の力を超えたものがたくさんあることに気づき，それらのことを謙虚に受け止めたいという思いを学年集会で発表しました。

◆ D22 よりよく生きる喜び ◆

スポーツ選手の講演会で，人は誰にでも弱さがあること，誘惑や苦しみに打ち勝ち誇りある生き方ができることに気づきました。自分も挑戦する喜びを見いだしたいという感想を発表しました。

指導要録への道徳科の所見文の記入にあたっては，一つ一つの内容項目を取り上げるのではなく，大くくりなまとまりで捉え，1年のスパンで生徒の学習状況や道徳性に係る成長の様子を記述します。多面的・多角的な学びがあったか，自分自身との関わりの中で考えを深めていたかがポイントになります。

記載欄も相当狭いことが予想されるので文字数にも留意しましょう。

参考として，80字程度の2つの所見文作成フローチャートを例として示しますが，あくまで学校の指導の実態や生徒の学びの実態に応じて作成しましょう。

【作成例　学習状況】

①　教材　／　対話的な学び　／　教材や対話的な学び
＋
②　の中で道徳的な価値を見いだし，
＋
③　物事を広い視野から多面的・多角的に　／　自分を見つめながら
＋
④　考えられるように，学びが
＋
⑤　大きく　／　少しずつ　／　着実に　／　（なし）
＋
⑥　成長した。

【作成例　道徳性に係る成長の様子】

①　教材　／　対話的な学び　／　教材や対話的な学び
＋
②　の中で道徳的な価値を見いだし，
＋
③　その大切さ　／　自分の見方や考え方　／　実現の難しさ　／　多様な見方
＋
④　の理解が
＋
⑤　大きく　／　少しずつ　／　着実に　／　（なし）
＋
⑥　成長した。

資料

中学校学習指導要領解説 特別の教科 道徳編

第5章 道徳科の評価

第1節 道徳科における評価の意義

（「第3章 特別の教科 道徳」の「第3 指導計画の作成と内容の取扱い」の4）
　生徒の学習状況や道徳性に係る成長の様子を継続的に把握し，指導に生かすよう努める必要がある。ただし，数値などによる評価は行わないものとする。

1　道徳教育における評価の意義

学習における評価とは，生徒にとっては，自らの成長を実感し意欲の向上につなげていくものであり，教師にとっては，指導の目標や計画，指導方法の改善・充実に取り組むための資料となるものである。

教育において指導の効果を上げるためには，指導計画の下に，目標に基づいて教育実践を行い，指導のねらいや内容に照らして生徒の学習状況を把握するとともに，その結果を踏まえて，学校としての取組や教師自らの指導について改善を行うサイクルが重要である。

道徳教育における評価も，常に指導に生かされ，結果的に生徒の成長につながるものでなくてはならない。学習指導要領第1章総則の第3の2の(1)では，「生徒のよい点や進歩の状況などを積極的に評価し，学習したことの意義や価値を実感できるようにすること」と示しており，他者との比較ではなく生徒一人一人のもつよい点や可能性などの多様な側面，進歩の様子などを把握し，年間や学期にわたって生徒がどれだけ成長したかという視点を大切にすることが重要であるとしている。道徳教育においてもこうした考え方は踏襲されるべきである。

このことから，学校の教育活動全体を通じて行う道徳教育における評価については，教師が生徒一人一人の人間的な成長を見守り，生徒自身の自己のよりよい生き方を求めていく努力を評価し，それを勇気付ける働きをもつようにすることが求められる。そして，それは教師と生徒の温かな人格的な触れ合いに基づいて，共感的に理解されるべきものである。

2　道徳科における評価の意義

学習指導要領第3章の第3の4において，「生徒の学習状況や道徳性に係る成長の様子を継続的に把握し，指導に生かすよう努める必要がある。ただし，数値などによる評価は行わないものとする。」と示している。これは，道徳科の評価を行わないとしているのではない。道徳科において養うべき道徳性は，生徒の人格全体に関わるものであり，数値などによって不用意に評価してはならないことを特に明記したものである。したがって，教師は道徳科においてもこうした点を踏まえ，それぞれの授業における指導のねらいとの関わりにおいて，生徒の学習状況や道徳性に係る成長の様子を様々な方法で捉えて，個々の生徒の成長を促すとともに，それによって自らの指導を評価し，改善に努めることが大切である。

第2節　道徳科における生徒の学習状況及び成長の様子についての評価

1　評価の基本的態度

道徳科は，道徳教育の目標に基づき，各教科，総合的な学習の時間及び特別活動における道徳教育と密接な関連を図りながら，計画的，発展的な指導によって道徳性を養うことがねらいである。

道徳性とは，人間としてよりよく生きようとする人格的特性であり，道徳的判断力，道徳的心情，道徳的実践意欲及び態度を諸様相とする内面的資質である。このような道徳性が養われたか否かは，容易に判断できるものではない。

しかし，道徳性を養うことを学習活動として行う道徳科の指導では，その学習状況や成長の様子を適切に把握し評価することが求められる。生徒の学習状況は，指導によって変わる。道徳科における生徒の学習状況の把握と評価については，教師が道徳科における指導と評価の考え方について明確にした指導計画の作成が求められる。道徳性を養う道徳教育の要である道徳科の授業を改善していくことの重要性はここにある。

道徳科で養う道徳性は，生徒が将来いかに人間としてよりよく生きるか，いかに諸問題に適切に対応するかといった個人の問題に関わるものである。このことから，中学校の段階でどれだけ道徳的価値を理解したかなどの基準を設定することはふさわしくない。

道徳性の評価の基盤には，教師と生徒との人格的な触れ合いによる共感的な理解が存在することが重要である。その上で，生徒の成長を見守り，努力を認めたり，励ましたりすることによって，生徒が自らの成長を実感し，更に意欲的に取り組もうとするきっかけとなるような評価を目指すことが求められる。なお，道徳性は，極めて多様な生徒の人格全体に関わるものであることから，評価に当たっては，個人内の成長の過程を重視すべきである。

2　道徳科における評価

(1) 道徳科に関する評価の基本的な考え方

道徳科の目標は，道徳的諸価値の理解を基に，自己を見つめ，物事を広い視野から多面的・多角的に考え，人間としての生き方についての考えを深める学習を通して，道徳的な判断力，心情，実践意欲及び態度を育てることであるが，道徳性の諸様相である道徳的な判断力，心情，実践意欲と態度のそれぞれについて分節し，学習状況を分析的に捉える観点別評価を通じて見取ろうとすることは，生徒の人格そのものに働きかけ，道徳性を養うことを目標とする道徳科の評価としては妥当ではない。

授業において生徒に考えさせることを明確にして，「道徳的諸価値についての理解を基に，自己を見つめ，物事を広い視野から多面的・多角的に考え，人間としての生き方についての考えを深める」という目標に掲げる学習活動における生徒の具体的な取組状況を，一定のまとまりの中で，生徒が学習の見通しを立てたり学習したことを振り返ったりする活動を適切に設定しつつ，学習活動全体を通して見取ることが求められる。

その際，個々の内容項目ごとではなく，大くくりなまとまりを踏まえた評価とすることや，他の生徒との比較による評価ではなく，生徒がいかに成長したかを積極的に受け止めて認め，励ます個人内評価として記述式で行うことが求められる。

道徳科の内容項目は，道徳科の指導の内容を構成するものであるが，内容項目について単に知識として観念的に理解させるだけの指導や，特定の考え方に無批判に従わせるような指導であってはならない。内容項目は，道徳性を養う手掛かりとなるものであり，内容項目に含まれる道徳的諸価値の理解を基に，自己を見つめ，物事を広い視野から多面的・多角的に考え，人間としての生き方についての考えを深める学習を通して，「道徳性を養う」ことが道徳科の目標である。このため，道徳科の学習状況の評価に当たっては，道徳科の学習活動に着目し，年間や学期といった一定の時間的なまとまりの中で，生徒の学習状況や道徳性に係る成長の様子を把握する必要がある。

こうしたことを踏まえ，評価に当たっては，特に，学習活動において生徒が道徳的価値やそれらに関わる諸事象について他者の考え方や議論に触れ，自律的に思考する中で，一面的な見方から多面的・多角的な見方へと発展しているか，道徳的価値の理解を自分自身との関わりの中で深めているかといった点を重視することが重要である。このことは道徳科の目標に明記された学習活動に着目して評価を行うということである。道徳科では，生徒が「自己を見つめ」「広い視野から多面的・多角的に」考える学習活動において，「道徳的諸価値の理解」と「人間としての生き方についての考え」を，相互に関連付けることによって，深い理解，深い考えとなっていく。こうした学習における一人一人の生徒の姿を把握していくことが生徒の学習活動に着目した評価を行うことになる。

なお，道徳科においては，生徒自身が，真正面から自分のこととして道徳的価値に広い視野から多面的・多角的に向き合うことが重要である。また，道徳科における学習状況や道徳性に係る成長の様子の把握は，生徒の人格そのものに働きかけ，道徳性を養うという道徳科の目標に照らし，生徒がいかに成長したかを積極的に受け止めて認め，励ます観点から行うものであり，個人内評価であるとの趣旨がより強く要請されるものである。これらを踏まえると，道徳科の評価は，選抜に当たり客観性・公平性が求められる入学者選抜とはなじまないものであり，このため，道徳科の評価は調査書には記載せず，入学者選抜の合否判定に活用することのないようにする必要がある。

（2）個人内評価として見取り，記述により表現することの基本的な考え方

道徳科において，生徒の学習状況や道徳性に係る成長の様子をどのように見取り，記述するかということについては，学校の実態や生徒の実態に応じて，教師の明確な意図の下，学習指導過程や指導方法の工夫と併せて適切に考える必要がある。

生徒が一面的な見方から多面的・多角的な見方へと発展させているかどうかという点については，例えば，道徳的価値に関わる問題に対する判断の根拠やそのときの心情を様々な視点から捉え考えようとしていることや，自分と違う立場や感じ方，考え方を理解しようとしていること，複数の道徳的価値の対立が生じる場面において取り得る行動を広い視野から多面的・多角的に考えようとしていることを発言や感想文，質問紙の記述等から見取るという方法が考えられる。

道徳的価値の理解を自分自身との関わりの中で深めているかどうかという点についても，例えば，読み物教材の登場人物を自分に置き換えて考え，自分なりに具体的にイメージして理解しようとしていることに着目したり，現在の自分自身を振り返り，自らの行動や考えを見直していることがうかがえる部分に着目したりするという視点も考えられる。また，道徳的な問題に対して自己の取り得る行動を他者と議論する中で，道徳的価値の理解を更に深めているかや，道徳的価値を実現することの難しさを自分のこととして捉え，考えようとしているかという視点も考えら

れる。

また，発言が多くない生徒や考えたことを文章に記述することが苦手な生徒が，教師や他の生徒の発言に聞き入ったり，考えを深めようとしたりしている姿に着目するなど，発言や記述ではない形で表出する生徒の姿に着目するということも重要である。

さらに，年間や学期を通じて，当初は感想文や質問紙に，感想をそのまま書いただけであった生徒が，学習を重ねていく中で，読み物教材の登場人物に共感したり，自分なりに考えを深めた内容を書くようになったりすることや，既習の内容と関連付けて考えている場面に着目するなど，１単位時間の授業だけでなく，生徒が一定の期間を経て，多面的・多角的な見方へと発展していたり，道徳的価値の理解が深まったりしていることを見取るという視点もある。

ここに挙げた視点はいずれについても例示であり，指導する教師一人一人が，質の高い多様な指導方法へと指導の改善を行い学習意欲の向上に生かすようにするという道徳科の評価の趣旨を理解した上で，学校の状況や生徒一人一人の状況を踏まえた評価を工夫することが求められる。

（３）評価のための具体的な工夫

道徳科における学習状況や道徳性に係る成長の様子を把握するに当たっては，生徒が学習活動を通じて多面的・多角的な見方へ発展させていることや，道徳的価値の理解を自分との関わりで深めていることを見取るための様々な工夫が必要である。

例えば，生徒の学習の過程や成果などの記録を計画的にファイルに蓄積したものや生徒が道徳性を養っていく過程での生徒自身のエピソードを累積したものを評価に活用すること，作文やレポート，スピーチやプレゼンテーションなど具体的な学習の過程を通じて生徒の学習状況や道徳性に係る成長の様子を把握することが考えられる。

なお，こうした評価に当たっては，記録物や実演自体を評価するのではなく，学習過程を通じていかに道徳的価値の理解を深めようとしていたか，自分との関わりで考えたかなどの成長の様子を見取るためのものであることに留意が必要である。

また，生徒が行う自己評価や相互評価について，これら自体は生徒の学習活動であり，教師が行う評価活動ではないが，生徒が自身のよい点や可能性に気付くことを通じ，主体的に学ぶ意欲を高めることなど，学習の在り方を改善していくことに役立つものであり，これらを効果的に活用し学習活動を深めていくことも重要である。年度当初に自らの課題や目標を捉えるための学習を行ったり，年度途中や年度末に自分自身を振り返る学習を工夫したりすることも考えられる。

さらに，年に数回，教師が交代で学年の全学級を回って道徳の授業を行うといった取組も効果的である。このことは，教師が自分の専門教科など，得意分野に引きつけて道徳科の授業を展開することができる。また，何度も同じ教材で授業を行うことにより指導力の向上につながるという指導面からの利点とともに，学級担任が自分の学級の授業を参観することが可能となり，普段の授業とは違う角度から生徒の新たな一面を発見することができるなど，生徒の学習状況や道徳性に係る成長の様子をより多面的・多角的に把握することができるといった評価の改善の観点からも有効であると考えられる。

（４）組織的，計画的な評価の推進

道徳科の評価を推進するに当たっては，学習評価の妥当性，信頼性等を担保することが重要である。そのためには，評価は個々の教師が個人として行うのではなく，学校として組織的・計

画的に行われることが重要である。

例えば，学年ごとに評価のために集める資料や評価方法等を明確にしておくことや，評価結果について教師間で検討し評価の視点などについて共通理解を図ること，評価に関する実践事例を蓄積し共有することなどが重要であり，これらについて，校長及び道徳教育推進教師のリーダーシップの下に学校として組織的・計画的に取り組むことが必要である。校務分掌の道徳部会や学年会あるいは校内研修会等で，道徳科の指導記録を分析し検討するなどして指導の改善に生かすとともに，日常的に授業を交流し合い，全教師の共通理解の下に評価を行うことが大切である。

また，校長や教頭などの授業参加や他の教師との協力的な指導，保護者や地域の人々，各分野の専門家等の授業参加などに際して，学級担任以外からの生徒の学習状況や道徳性に係る成長の様子について意見や所感を得るなどして，学級担任が生徒を多面的・多角的に評価したり，教師自身の評価に関わる力量を高めたりすることも大切である。なお，先に述べた，教師が交代で学年の全学級を回って道徳の授業を行うといった取組は，生徒の変容を複数の目で見取り，評価に対して共通認識をもつ機会となるものであり，評価を組織的に進めるための一つの方法としても効果的であると考えられる。

このような，組織的・計画的な取組の蓄積と定着が，道徳科の評価の妥当性，信頼性等の担保につながる。また，こうしたことが，教師が道徳科の評価に対して自信をもって取り組み，負担感を軽減することにもつながるものと考えられる。

(5) 発達障害等のある生徒や海外から帰国した生徒，日本語習得に困難のある生徒等に対する配慮

発達障害等のある生徒に対する指導や評価を行う上では，それぞれの学習の過程で考えられる「困難さの状態」をしっかりと把握した上で必要な配慮が求められる。

例えば，他者との社会的関係の形成に困難がある生徒の場合であれば，相手の気持ちを想像することが苦手で字義どおりの解釈をしてしまうことがあることや，暗黙のルールや一般的な常識が理解できないことがあることなど困難さの状況を十分に理解した上で，例えば，他者の心情を理解するために役割を交代して動作化，劇化したり，ルールを明文化したりするなど，学習過程において想定される困難さとそれに対する指導上の工夫が必要である。

そして，評価を行うに当たっても，困難さの状況ごとの配慮を踏まえることが必要である。前述のような配慮を伴った指導を行った結果として，相手の意見を取り入れつつ自分の考えを深めているかなど，生徒が多面的・多角的な見方へ発展させていたり道徳的価値を自分のこととして捉えていたりしているかといったことを丁寧に見取る必要がある。

発達障害等のある生徒の学習状況や道徳性に係る成長の様子を把握するため，道徳的価値の理解を深めていることをどのように見取るのかという評価資料を集めたり，集めた資料を検討したりするに当たっては，相手の気持ちを想像することが苦手であることや，望ましいと分かっていてもそのとおりにできないことがあるなど，一人一人の障害により学習上の困難さの状況をしっかり踏まえた上で行い，評価することが重要である。

道徳科の評価は他の生徒との比較による評価や目標への到達度を測る評価ではなく，一人一人の生徒がいかに成長したかを積極的に受け止めて認め，励ます個人内評価として行うことから，このような道徳科の評価本来の在り方を追究していくことが，一人一人の学習上の困難さ

に応じた評価につながるものと考えられる。

なお，こうした考え方は，海外から帰国した生徒や外国人の生徒，両親が国際結婚であるなどのいわゆる外国につながる生徒について，一人一人の生徒の状況に応じた指導と評価を行う上でも重要である。これらの生徒の多くは，外国での生活や異文化に触れてきた経験などを通して，我が国の社会とは異なる言語や生活習慣，行動様式を身に付けていると考えられる。また，日本語の理解が不十分なために，他の生徒と意見を伝え合うことなどが難しいことも考えられる。それぞれの生徒の置かれている状況に配慮した指導を行いつつ，その結果として，生徒が多面的・多角的な見方へと発展させていたり道徳的価値を自分のこととして捉えていたりしているかといったことを，丁寧に見取ることが求められる。その際，日本語を使って十分に表現することが困難な生徒については，発言や記述以外の形で見られる様々な姿に着目するなど，より配慮した対応が求められる。

第３節　道徳科の授業に対する評価

１　授業に対する評価の必要性

学習指導要領第１章総則には，教育課程実施上の配慮事項として，「生徒のよい点や進歩の状況などを積極的に評価し，学習したことの意義や価値を実感できるようにすること。また，各教科等の目標の実現に向けた学習状況を把握する観点から，単元や題材など内容や時間のまとまりを見通しながら評価の場面や方法を工夫して，学習の過程や成果を評価し，指導の改善や学習意欲の向上を図り，資質・能力の育成に生かすようにすること。」として学習評価を指導の改善につなげることについての記述がある。

道徳科においても，教師が自らの指導を振り返り，指導の改善に生かしていくことが大切であり，授業の評価を改善につなげる過程を一層重視する必要がある。

２　授業に対する評価の基本的な考え方

生徒の学習状況の把握を基に授業に関する評価と改善を行う上で，学習指導過程や指導方法を振り返ることは重要である。教師自らの指導を評価し，その評価を授業の中で更なる指導に生かすことが，道徳性を養う指導の改善につながる。

明確な意図をもって指導の計画を立て，授業の中で予想される具体的な生徒の学習状況を想定し，授業の振り返りの観点を立てることが重要である。こうした観点をもつことで，指導と評価の一体化が実現することになる。

道徳科の学習指導過程や指導方法に関する評価の観点はそれぞれの授業によって，より具体的なものとなるが，その観点としては，例えば，次のようなものが考えられる。

ア　学習指導過程は，道徳科の特質を生かし，道徳的諸価値の理解を基に自己を見つめ，人間としての生き方について考えを深められるよう適切に構成されていたか。また，指導の手立てはねらいに即した適切なものとなっていたか。

イ　発問は，生徒が広い視野から多面的・多角的に考えることができる問い，道徳的価値を自分のこととして捉えることができる問いなど，指導の意図に基づいて的確になされていたか。

ウ　生徒の発言を傾聴して受け止め，発問に対する生徒の発言などの反応を，適切に指導に生かしていたか。

エ　自分自身との関わりで，物事を広い視野から多面的・多角的に考えさせるための，教材や教具の活用は適切であったか。

オ　ねらいとする道徳的価値についての理解を深めるための指導方法は，生徒の実態や発達の段階にふさわしいものであったか。

カ　特に配慮を要する生徒に適切に対応していたか。

3　授業に対する評価の工夫

ア　授業者自らによる評価

授業者自らが記憶や授業中のメモ，板書の写真，録音，録画などによって学習指導過程や指導方法を振り返ることも大切である。録音や録画で授業を振り返ることは，今まで気付かなかった傾向や状況に応じた適切な対応の仕方などに気付くことにもなる。生徒一人一人の学習状況を確かめる手立てを用意しておき，それに基づく評価を行うことも考えられる。

イ　他の教師による評価

道徳科の授業を公開して参観した教師から指摘を受けたり，ティーム・ティーチングの協力者などから評価を得たりする機会を得ることも重要である。その際，あらかじめ重点とする評価項目を設けておくと，具体的なフィードバックが得られやすい。

4　評価を指導の改善に生かす工夫と留意点

道徳科の指導は，道徳性の性格上，1単位時間の指導だけでその成長を見取ることが困難である。そのため，指導による生徒の学習状況を把握して評価することを通して，改めて学習指導過程や指導方法について検討し，今後の指導に生かすことができるようにしなければならない。

生徒の道徳性を養い得る質の高い授業を創造するためには，授業改善に資する学習指導過程や指導方法の改善に役立つ多面的・多角的な評価を心掛ける必要がある。また，道徳科の授業で生徒が伸びやかに自分の感じ方や考え方を述べたり，他の生徒の感じ方や考え方を聞いたり，様々な表現ができたりするのは，日々の学級経営と密接に関わっている。

道徳科における生徒の道徳性に係る成長の様子に関する評価においては，慎重かつ計画的に取り組む必要がある。道徳科は，生徒の人格そのものに働きかけるものであるため，その評価は安易なものであってはならない。生徒のよい点や成長の様子などを積極的に捉え，それらを日常の指導や個別指導に生かしていくよう努めなくてはならない。

文部科学省「中学校学習指導要領解説　特別の教科　道徳編」より

［著者］
桃﨑剛寿（ももさき・たけとし）

1989年熊本大学大学院教育学研究科数学教育専攻代数学専修終了。熊本県公立中学校教師に，県立教育センター道徳担当指導主事，熊本市教育委員会生徒指導担当指導主事を経て，現在熊本市立白川中学校校長。熊本市中学校道徳教育研究会会長。熊本県中学校道徳教育研究会部会長（中）。教育サークル「道徳のチカラ」副長兼中学代表。『中学校編とっておきの道徳授業』シリーズ1～13（編著，日本標準），『スペシャリスト直伝！ 中学校道徳授業成功の極意』（明治図書），『「中学生を変えた」奇跡の道徳授業づくり』（日本標準）など，著書多数。

［協力］
熊本市中学校道徳教育研究会

出田久斉　熊本市立花陵中学校
岩﨑孝文　熊本市立力合中学校
塚本憲子　熊本市立清水中学校
土山直子　熊本市立桜山中学校
角田美香　熊本市立白川中学校

（五十音順，所属は2019年１月現在）

中学校「特別の教科 道徳」の評価
通知表所見の書き方&文例集

2019年3月15日　第１刷発行

著　者／桃﨑剛寿
発行者／伊藤　潔
発行所／株式会社 日本標準
〒167-0052　東京都杉並区南荻窪3-31-18
電話　03-3334-2640［編集］
03-3334-2620［営業］
URL　http://www.nipponhyojun.co.jp/

表紙・編集協力・デザイン／株式会社 コッフェル
イラスト／うつみちはる
印刷・製本／株式会社 リーブルテック

◆乱丁・落丁の場合はお取り替えいたします。

ISBN 978-4-8208-0649-3